ATITUDES PARA ENRIQUECER

Prezado leitor,

Queremos saber sua opinião sobre nossos livros. Após a leitura, acesse nosso site (www.editoragente.com.br), cadastre-se e contribua com sugestões, críticas e elogios.

Boa leitura!

BARRY BRIDGER

ATITUDES PARA ENRIQUECER

Mude seu comportamento financeiro e comece a ficar rico já

Gerente editorial
Alessandra J. Gelman Ruiz

Editora de Produção Editorial
Rosângela de Araujo Pinheiro Barbosa

Controle de Produção
Elaine Cristina Ferreira de Lima

Produção Editorial
Sieben Gruppe Serviços Editoriais

Projeto Gráfico e Diagramação
Cissa Tilelli Holzschuh

Tradução
Ingrid Nascimento

Preparação de Texto
Sally Tilelli

Revisão
Fernanda Guerriero

Capa
Miriam Lerner

Imagem de Capa
Altrendo Images/Getty Images

Impressão
Prol Gráfica

Título original: *The elephant in the room*

Rua Pedro Soares de Almeida, 114
São Paulo, SP – CEP 05029-030
Tel: (11) 3670-2500
Site: http://www.editoragente.com.br
E-mail: gente@editoragente.com.br

Dados Internacionais de Catalogação na Publicação (CIP)
(Câmara Brasileira do Livro, SP, Brasil)

Bridger, Barry
Atitudes para enriquecer: mude seu comportamento financeiro e comece a ficar rico já / Barry Bridger ; tradução de Ingrid Nascimento. -- São Paulo : Editora Gente, 2011.

Título original: The elephant in the room.
ISBN 978-85-7312-754-6
1. Finanças pessoais 2. Orçamentos pessoais 3. Sucesso - Aspectos psicológicos 4. Sucesso em negócios I. Título.

11-07998 CDD-330

Índices para catálogo sistemático:
1. Dinheiro : Obras de divulgação 330
2. Economia : Obras de divulgação 330

Agradecimentos

Este livro não poderia ter sido escrito e produzido com tanta eficiência sem a contribuição dos membros da grande família que compõe a First Command. Sua visão original surgiu com nosso antigo CEO, Lamar Smith. O projeto do livro foi administrado por Kurt Anderson, general reformado da Força Aérea dos Estados Unidos. O conceito foi ideia de Dennis Holland.

As contribuições mais importantes, porém, vieram daqueles que, com base em suas experiências coletivas ao servir milhares de famílias norte-americanas de classe média, guiaram o desenvolvimento do projeto e colocaram em prática melhorias no original, tornando-o realidade. Entre os que ajudaram, estão os seguintes consultores financeiros e funcionários da First Command: Boyd Adams, Jim Agostini, Roger Ball, Dan Brannon, Warren Brooks, John Cermak, Don Davidson, Chris e Stephanie Dentinger, Marty Durbin, Rich Giles,

Samantha Hilliard, Bob Knox, Jim Lanier, Mark Leach, Mike Morrison, Alan Orr, Fred Orr, Lucila Petersen, John Quinones, Hugh Simpson, Ted Smith, Barry Todd, Jan Wagner, Mike Wheeler, Esau Williamson e Marc York.

Nada disso teria sido possível sem a grande atenção desses indivíduos aos detalhes e sem seu profundo desejo de criar uma história que pudesse inspirar e servir a todos os leitores que sentem falta da tão necessária e saudável educação financeira.

Sumário

Prefácio

Se você já me ouviu falar, sabe que sou uma pessoa bem normal. Não uso palavras difíceis ou digo às pessoas como manter as aparências. Eu acredito que a maioria dos indivíduos pode alcançar mais do que imagina. Não importa se você quer melhorar seu poder aquisitivo, adquirir conhecimentos além dos que já lhe foram transmitidos pelos seus pais, começar um negócio ou subir na carreira corporativa. Tudo é possível, desde que você determine suas metas e continue a trabalhar rumo a esses objetivos.

Você tem o controle do seu destino. Claro, haverá pedras no seu caminho, algumas bem grandes e imprevisíveis. Existem desastres naturais, como furacões e enchentes, cujo impacto é dramático na vida cotidiana, assim como na estabilidade econômica de cidades, estados e regiões inteiras. Há também problemas de saúde, isto é, você, ou outro membro da família, não poderá trabalhar, mesmo que precise levantar fundos para pagar as diárias hospitalares ou o próprio tratamento.

Existem, ainda, calamidades financeiras que afetam todo um país, como a crise do subprime* e o colapso das bolsas de valores em 2008. Poucos previram a crise, afinal, alguns avisos são geralmente ignorados. Inúmeras pessoas continuaram a gastar e a usar seus cartões de crédito sem pensar em como iriam honrar suas dívidas no futuro. Muitos compraram propriedades que estavam acima de seu poder aquisitivo.

Mas, no segundo semestre de 2008, a crise financeira atingiu seu clímax. O governo teve de agir - por meio de um pacote, jamais executado antes, que visava resgatar os setores bancário e financeiro. Mais de dois milhões de empregos deixaram de existir ao longo de um ano. Ainda pior foi a redução dos valores nas contas de aposentadorias dos norte-americanos. Cerca de dois trilhões de dólares em depósitos da previdência simplesmente desapareceram, e a maior parte dos planos perdeu cerca de 20% do valor!

É por isso que as mensagens deste livro são tão importantes hoje. A recente instabilidade financeira – nos Estados Unidos e em todo o mundo – atingiu um número tão grande de pessoas que é preciso ficar atento ao básico: pensar sobre as finanças e conversar com os

* Crise desencadeada em 2006 a partir da quebra de instituições de crédito dos Estados Unidos, que concediam empréstimos hipotecários de alto risco. O termo subprime se refere à prática de fazer empréstimos a pessoas não qualificadas devido ao seu histórico creditício. (N.E.)

familiares sobre o assunto; não adquirir aquela última novidade somente porque seu vizinho já a possui ou porque seus filhos pedem sempre que assistem ao comercial; não usar o valor limite do cartão de crédito cada vez que for às compras; finalmente, reconhecer que existe uma grande diferença entre "querer" e "precisar".

As causas e consequências do comportamento financeiro negativo foram extensivamente estudadas e debatidas nos últimos anos. Muitos não sabem como escolher um investimento ou um consultor, nem mesmo onde procurar ajuda. Milhões de chefes de família em todo o mundo não atingirão uma grande meta financeira na vida. Por quê? Pelo fato de não possuírem um plano financeiro básico. Mesmo entre as pessoas de baixo poder aquisitivo, aqueles que têm um plano tendem a ostentar uma poupança maior do que os que não a possuem. Portanto, é preciso que todos estabeleçam um plano e uma estratégia para atingir seus objetivos.

Suas metas podem ser diferentes das do seu vizinho ou de seus pais. Isso significa que seu plano financeiro deve estar de acordo com as suas necessidades, não com as de outras pessoas. É preciso entender que esse plano irá mudar – conforme você envelhece, tem filhos ou desenvolve outras prioridades –, e que ajustes serão necessários para tanto. É possível contar com um consultor confiável, mas é fundamental que quaisquer mudanças lhe sejam comunicadas e devidos ajustes em investimentos, planos de saúde e seguros sejam feitos sempre que necessário.

Este livro não apresenta gráficos nem estatísticas sobre o mercado de ações ou de valores imobiliários; também não oferece planilhas de orçamento. Ele nos traz uma história: a de um homem jovem que aprende como exercer controle sobre o próprio futuro. Ao assumir as rédeas de suas finanças, também adquire mais conhecimento sobre si e os valores que mais lhe importam. Essa jornada é extremamente prazerosa porque o indivíduo em questão entende que o seu futuro e de sua família será ainda mais seguro do que ele esperava.

Ao ler esta obra, tenho certeza de que o leitor começará a planejar o próprio futuro. Independentemente de ser jovem e ter ainda muitos anos de vida ativa pela frente, ou de estar aposentado e depender apenas de suas economias, qualquer um que reflita sobre valores e metas será capaz de tomar decisões mais inteligentes sobre seu futuro financeiro. A paz de espírito e o conforto que advirão do controle do destino não têm preço.

Barry Bridger
Embaixador-em-grande
First Command Financial Services, Inc.

Introdução

Meu nome é Paulo Holz. Nunca imaginei um dia ter de pedir conselhos, principalmente no momento da minha vida em que parecia já haver alcançado tanto. Certamente, já precisei de aconselhamento durante minha juventude e a faculdade, mas agora, perto dos 30 anos, com uma esposa e dois filhos, não imaginei que isso pudesse ocorrer. André tinha 4 anos e nosso bebê, Adriano, estava perto de completar 2 anos. O tempo passava, e nossa vida era boa. Cissa, minha esposa, sempre apoiou minha carreira. Desde o início de nosso casamento, sempre esteve ao meu lado, torcendo por mim em todas as entrevistas de trabalho, nas promoções e nos novos projetos. Apesar de eu trabalhar às vezes até tarde da noite e das viagens de negócios, ela sempre esteve lá, cuidando das crianças, assumindo vários compromissos e administrando nossa vida. Então, qual era o problema?

Era difícil determinar. As brigas, no início, eram pequenas - uma compra aqui, um gasto ali. Quando Cissa comprava algo e eu questionava sua decisão, ela ficava na defensiva; se eu adquirisse um novo terno para o trabalho, ela parecia se ressentir por isso. Queria objetos para a casa; eu precisava de coisas para o meu serviço - uma nova maleta, uma gravata. Apesar da minha longa jornada de trabalho, nunca parecia haver dinheiro suficiente no final do mês. Cissa, em contrapartida, apesar de demonstrar grande amor pelo seu trabalho como professora, algumas vezes parecia ressentir-se por ter uma ocupação fora de casa. Acredito que, se o dinheiro não tivesse se tornado um problema, nunca teríamos brigado. Meu desejo era que tivéssemos mais opções e recursos.

Certo dia, depois de uma discussão difícil, decidi que não havia mais como esperar: precisava fazer algumas mudanças imediatamente, antes que Cissa e eu nos separássemos. Eu tinha de cuidar da minha família e desenvolver um plano; estava seguro e determinado a fazer as coisas funcionarem. Então, decidi ligar para minha prima Catarina.

Catarina era provavelmente a única pessoa que eu conhecia completamente feliz e confortável com a própria vida. Ela simplesmente não precisava se preocupar com dinheiro. Parecia ter planejado bem toda a sua vida. A maioria das pessoas já aposentadas – como era o caso dela – que conheço mal consegue se manter. Mas Catarina fazia ótimas viagens pela América do Sul, pela Europa e pelos Estados Unidos com os grupos de idosos dos quais fazia parte. Ela tinha a vida organizada, e eu queria o mesmo para a minha - mas, devo admitir, ainda não conseguira essa façanha. Imaginei que se havia alguém que poderia me ajudar naquele momento, esse alguém seria ela.

1: O primeiro encontro

A tarde em que Catarina e eu marcamos o nosso primeiro almoço acabaria ficando marcada em minha mente como uma espécie de "reunião de negócios". Em um belo dia ensolarado, tirei o meu Ford Explorer da garagem e dirigi pelas ruas sinuosas que me levavam para fora do nosso bairro. Pensei em como seria a próxima hora e no que iria dizer. Durante toda a semana anterior, havia me sentido bastante ansioso e até começado a elaborar uma lista das perguntas que faria. Sabia que ela seria franca comigo e me daria as respostas de que tanto precisava. Ela e seu marido Jorge tiveram uma vida tranquila, e, ultimamente, parecia cada vez mais óbvio para mim que eu tinha muito a aprender.

Quando Jorge se aposentou da aeronáutica, ele e Catarina se mudaram para um bairro de classe média alta. Possuíam uma casa bonita e tinham uma vida maravilhosa. Eu sabia que ele havia feito alguns investimentos que lhe deram um bom retorno, mas nunca conversamos muito sobre isso. Depois que seu marido morreu, Catarina continuou morando na mesma casa confortável. Agora, cinco anos mais tarde, ela estava ocupada com novos *hobbies*, como o grupo de viagens do qual fazia parte. Demorou algumas semanas para eu conseguir marcar um almoço com ela, porque ela havia passado algum tempo fora do país em uma viagem com algumas amigas.

Cheguei ao restaurante ao meio-dia e vinte, dez minutos mais cedo que o planejado. Passei os olhos pelo local, buscando um lugar mais vazio, e achei uma boa mesa em um canto no fundo do salão, próxima da janela. De lá era possível ver a movimentação apressada e ruidosa dos pedestres na rua principal, muitos dos quais trabalhavam nas lojas e nos mercados da redondeza. O escritório no qual eu trabalhava como vendedor de produtos farmacêuticos garantia para mim um salário melhor. Mesmo assim, com dois filhos com menos de 5 anos, não parecia que Cissa e eu estivéssemos em uma situação melhor. Depois de seis anos de casamento, embora já tivéssemos adquirido a primeira casa própria, havíamos poupado muito pouco.

Então, olhei pela janela e vi Catarina caminhando com vigor pela calçada. Estava bronzeada e sorria; assim que se virou para o restaurante, ela me viu.

— Paulo! Como é bom ver você! — Nós nos abraçamos e ela deu um beijo na minha bochecha.

— É bom ver você também — disse.

Então nos sentamos e esperamos pela garçonete.

Catarina bebeu um gole de água e se recostou na cadeira, perguntando:

— Como estão as crianças?

— Maravilhosas — respondi.

— E Cissa?

— Ótima. Ela é professora de primeira série e realmente adora o que faz.

— Bom — ela disse — você sabe, Paulo. Estou muito preocupada desde que recebi sua mensagem. Você e Cissa estão com problemas financeiros?

— Espero não ter alarmado você. Não é nada sério — disse. — Mas há muito quero vê-la para conversar sobre isso. Obrigado por concordar em encontrar-se comigo tão rápido, logo após ter voltado de viagem.

— Sem problemas. Meu cruzeiro estava fantástico. Nós viajamos por todas as ilhas do Caribe. Mas chega de falar da viagem. O que está acontecendo com você?

Naquele momento, inclinei-me para frente e disse: — Não posso evitar olhar para alguém como você e pensar que estou falhando, Catarina. Cissa e eu mal conseguimos nos manter — limpei a minha garganta — Você tem muita sorte de não ter problemas financeiros, de ter dinheiro. Você viaja sempre que quer, compra o que quer... Tem uma vida ótima.

A garçonete interrompeu nossa conversa e perguntou o que iríamos pedir. Eu optei por um cheesebúrguer e Catarina, pelo prato do dia: sopa e salada.

Catarina esticou o guardanapo sobre o colo, olhou direto nos meus olhos e indagou: — Você nunca ouviu dizer que dinheiro não compra felicidade?

— Sim, já ouvi isso. Mas, honestamente, acho que ele poderia comprar alguma felicidade. E não somente isso, mas também liberdade.

— Paulo, você e eu não estamos em acordo aqui. Acredito que o dinheiro seja apenas uma ferramenta, não um objetivo de vida. O dinheiro sozinho não pode lhe trazer felicidade.

— Eu sei, Catarina. Mas não posso deixar de pensar que seria muito mais feliz com um pouco mais de folga para respirar no fim do mês — senti um peso nos ombros. — Não somos infelizes, mas estamos muito estressados.

Catarina olhou para mim novamente.

— Você tem uma bela família, uma esposa maravilhosa e muito para alcançar em sua vida. Você é muito jovem para se preocupar tanto por causa de dinheiro ou por qualquer outra razão. Agora é o momento de ganhar dinheiro, poupar e construir seu futuro. Saber o que você espera da vida e como o seu sucesso financeiro poderá financiar seus sonhos é importante. Mas o dinheiro sozinho não tem poder suficiente de proporcionar alegria verdadeira.

Inclinei-me para frente.

— Honestamente, vou direto ao ponto. Preciso de algumas respostas, Catarina, de respostas reais sobre as nossas finanças. Cissa e eu sempre parecemos terminar o mês com menos dinheiro do que precisaríamos para pagar as contas. Estamos indo bem para pessoas da nossa idade, mas ainda não parece certo. Quando penso sobre o que temos pela frente, como as despesas com a educação dos nossos filhos, imagino a maneira de arcarmos com isso — respirei fundo e me senti melhor. — Não conversei ainda com ninguém sobre nossa situação financeira.

Catarina recostou-se e disse calorosamente:

— Bem, então você veio ao lugar certo.

— Foi o que pensei. As lições que Jorge tentou me ensinar sobre como me preparar para o futuro não saíram da minha cabeça. Eu sei que tudo o que ele disse é importante, mas não sei como colocar aquelas ideias em prática.

Ela sorriu.

— Jorge sempre se preparou. Ele não ficou apenas falando sobre isso, mas realmente se preparou muito bem e se certificou de que tudo estaria organizado quando ele já não estivesse mais entre nós.

— Quero ser esse tipo de homem — disse. — Pretendo estar sempre presente para a minha família. Não quero que os meus filhos tenham de se preocupar sobre como irão pagar a faculdade, quando chegar o momento, como aconteceu comigo. Espero que tudo esteja organizado e seguro. Mas, no momento, a nossa situação parece estar longe disso.

— Jorge trabalhou duro para construir esse legado, Paulo. Isso era muito importante para ele. Administrar bem suas finanças era apenas uma parte do todo.

Eu concordei com a cabeça e disse:

— Quero construir um legado para que os meus filhos tenham segurança. Asseguro-lhe que temos feito tudo corretamente, mas agora parece que estamos apenas vivendo um mês de cada vez.

— Bem, você tem um ótimo emprego — comentou —, mas não é o suficiente.

— Estou começando a concordar com você.

Catarina disse, então:

— Paulo, eu sempre gostei muito de você, e agora, além de amor, tenho por você grande respeito — fiquei olhando para ela enquanto continuava. — Muitas pessoas não têm a coragem de vencer a tentação de negar as próprias falhas. Elas evitam confrontar seu futuro de maneira realista. Isso pode ser assustador, mas você é um homem de coragem e eu aprecio isso — ela então começou a vasculhar a bolsa. — Quero que você leia uma coisa — disse —, algo que Jorge tinha em sua cômoda. Ele costumava mantê-lo em sua carteira. Era um de seus textos favoritos, imagino. Resolvi pegá-lo depois do dia em que conversamos e você disse estar tendo alguns problemas. Imaginei que gostaria de lê-lo.

Ela abriu um pedaço de papel amassado e colocou-o sobre a mesa.

— O que é isso? — Perguntei.

— Você conhece o poema sobre os homens cegos e o elefante?

— Não.

— É sobre algo muito grande que ninguém compreendia exatamente. Uma história acerca de seis homens cegos que se aproximam de um elefante e cada um deles o interpreta de maneira diferente. Um sente a lateral do animal e acha que é um muro. O segundo toca uma de suas presas de marfim e pensa ser uma lança. Cada um dos seis homens imagina o elefante de um modo distinto.

Olhei para baixo. As palavras estavam datilografadas em tinta preta.

— O que esse poema tem a ver com isso?

— Não é o poema em si, Paulo. Relacionando-o com a sua situação, vejo o elefante como uma metáfora para o comportamento humano. Existe um elefante bem no meio da sala e ninguém compreende a situação. Quando pensamos em sucesso financeiro, o comportamento é exatamente igual ao elefante no meio do sala. Não é o que você conhece ou busca, mas suas atitudes que determinam as consequências.

— Não estou entendendo.

— Eu sei — ela disse —, mas vai entender — então sorriu. — O engraçado, Paulo, é que muitas pessoas não sabem como encontrar uma saída, porque não entendem totalmente a situação. Você tem problemas financeiros, mas será que realmente entende o que está por trás deles?

Olhei para ela sem entender:

— Eu não sei.

— Bem, o que você acredita ser importante para o estabelecimento de uma boa situação financeira? — perguntou. — Você já pensou sobre isso?

— Claro que já — sentei-me e pensei um pouco mais sobre a questão. — Primeiro, é preciso ganhar muito dinheiro; segundo, investir em coisas certas. Vejo tais atitudes como a chave para o sucesso financeiro.

— Talvez — disse ela.

— Como assim talvez? Você está dizendo que isso não é importante?

— Bem, todos precisam de dinheiro para viver, sem dúvida. Mas o fator que realmente contribuirá para o sucesso financeiro de sua família a longo prazo não é a quantidade de dinheiro. Muitas pessoas ganham muito, Paulo, e ainda assim têm problemas financeiros. O mais importante é o comportamento.

— Comportamento? Sobre o que exatamente você está falando?

— Pense sobre isso — disse Catarina. — Não importa muito quanto você ganha se não economizar. Se você é pouco cuidadoso, poderá não poupar o dinheiro que ganha. Precisamos investir algum tempo pensando e conversando sobre os elementos que guiam nossa maneira de agir.

Concordei. Aquilo já era alguma coisa para se pensar. Cissa e eu havíamos acabado de ter nossa primeira grande briga sobre dinheiro. Nossa maneira de encarar problemas financeiros era certamente diferente.

— Não subestime o modo como os valores que guiam seu comportamento determinarão seu futuro — disse ela.

Sentei-me em silêncio por um minuto e pensei no que ela estava tentando me dizer. Sei como as coisas podem ser destrutivas quando há dinheiro envolvido. Por sorte, Cissa e eu tínhamos bons empregos e estávamos construindo uma família juntos. Sabíamos o que queríamos e tínhamos bons hábitos, mas ainda não estávamos preparados para o futuro. Ouvi falar de coisas ruins que aconteceram com outras pessoas: perda do emprego ou problemas de saúde repentinos, como a dor nas costas que deixou um de nossos gerentes regionais incapaz de andar por vários meses. A última vez em que ouvi falar dele, ele ainda estava de licença médica, mas tinha medo de que o benefício fosse suspenso.

— Comportamento é algo que pode ser modificado — disse Catarina —, essa é a boa notícia. Se o "mês é longo e o salário é curto", é provável que você precise fazer algumas mudanças. Talvez o problema não esteja nos grandes gastos. É possível que não seja o fato de você jogar tênis ou de Cissa gostar de produtos de boa qualidade, nem as necessidades das crianças, que certamente precisam de roupas novas. Pode ser apenas uma questão de planejamento em relação ao futuro.

— Você e Cissa conversam sobre suas metas financeiras? Vocês sabem o que querem?

O fator mais importante que realmente contribuirá para o sucesso financeiro de sua família a longo prazo não é a quantidade de dinheiro. Muitas pessoas ganham muito dinheiro e ainda assim têm problemas financeiros. O mais importante é o comportamento.

Então, parei um momento para pensar e disse:

— Claro, nós conversamos... mas não entramos em detalhes. Isso é de minha responsabilidade. Ela cuida das crianças e de tudo o mais relacionado à casa.

— Mas ela também ganha dinheiro.

— Bem... Sim, ela ganha. Nós dois adoraríamos que ela ficasse apenas cuidando da casa e de nossos filhos, mas seu emprego como professora realmente ajuda nossa família com as despesas. E ela adora seu trabalho; tem muito jeito com crianças.

Catarina comeu um pouco de salada e disse:

— Vocês precisam conversar sobre finanças, pois isso é muito importante.

— Acho que nem sei por onde começar.

— Jorge sempre dizia que é preciso iniciar pelos próprios valores e pela visão que temos do futuro. Primeiro, trabalhe com ela e faça uma lista de todas as coisas que vocês querem alcançar; depois, de como vocês pretendem pagar por isso. Sentar com Cissa seria um bom primeiro passo. Vocês certamente aprenderão coisas um sobre o outro que nem sabiam. Paulo, não fique surpreso se esse projeto se tornar mais difícil do que pensa. Parece simples, mas, para nós, foi necessário um consultor que nos ajudasse a determinar o que realmente importava em nossa vida e como os nossos valores iriam determinar nossa jornada financeira.

— E depois de fazer a lista?

— Tenho uma ideia — disse ela —: que tal nos encontrarmos toda semana por um tempo? Pouco a pouco ensinarei a você tudo o que sei sobre como preparar um bom futuro financeiro. Eu tenho muita experiência, Paulo — ela piscou os olhos —, e você pode aprender comigo.

Pensei por um momento nas férias que ela costumava tirar, na casa confortável em que vivia, no seu carro e nas roupas que usava. Tinha a liberdade de viajar e de visitar parentes quando desejasse, e parecia ter tudo que precisava. Ela e Jorge se deram bem.

— Parece ótimo — disse.

— A cada semana lhe darei uma tarefa para realizar, e você poderá então conversar sobre isso com Cissa. Ficarei muito feliz em ajudá-los no que puder — disse ela, olhando nos meus olhos. — Escute, Paulo, o que a maioria das pessoas não entende, e o que normalmente se transforma em um grande empecilho, é o nosso próprio comportamento. Ele afeta tudo na vida, incluindo como ganhamos, gastamos e poupamos nosso dinheiro. Portanto, em cada uma das próximas semanas, nós refletiremos sobre um elemento específico de comportamento relacionado ao sucesso financeiro e entenderemos melhor como esse aspecto do seu próprio comportamento tem impacto no seu futuro.

Eu me recostei na cadeira, cruzei os braços e perguntei:

— E qual é o tópico da próxima semana, minha conselheira particular?

Catarina sorriu e disse:

— Na próxima semana, começaremos pela atitude.

— Atitude?

— Sim, atitude.

— Acho que tenho uma boa atitude - disse.

— Veremos - respondeu Catarina, rindo.

— Na próxima semana, nós conversaremos sobre a sua atitude em relação ao dinheiro e ao seu futuro financeiro. Esse é o seu dever de casa: pense sobre sua atitude em relação ao dinheiro e às finanças, e escreva suas conclusões.

— Ok.

— Mas não o faça sozinho, Paulo. Estou começando a sentir que só estou tendo acesso a um lado da história.

— O que quer dizer?

— Bem, você está aqui, mas Cissa não. Você tem uma atitude em relação ao dinheiro, mas ela provavelmente tem seus próprios sentimentos sobre isso. Jorge e eu sempre resolvemos juntos nossos assuntos financeiros. Você não pode preparar adequadamente o futuro de sua família se fizer tudo sozinho. Você e Cissa partilham da mesma opinião sobre o dinheiro?

Olhei para ela sem saber o que dizer.

— Pense sobre isso — disse ela —, e conversaremos na próxima semana.

— Nos mesmos local e horário? — perguntei.

Ela sorriu:

— Não perderia isso por nada.

Catarina levantou-se e chamou o garçom. Antes que eu pudesse protestar, ela pagou a conta e despediu-se de mim. Então, acenou do lado de fora do restaurante e acionou o mecanismo para abrir o carro, fazendo com que os faróis da frente piscassem. Eu fiquei assistindo à cena enquanto ela saía do estacionamento em seu pequeno carro esportivo.

"É assim que a vida deveria ser, pensei. Deveríamos ser capazes de navegar pelos picos e vales da vida com um bom plano e um futuro sólido.

Dicas de Comportamento

Quando pensamos em sucesso financeiro, o comportamento é exatamente o empecilho. É necessário, portanto:

1. Ter a coragem de olhar para o passado e para o futuro realisticamente.
2. Pensar sobre os próprios comportamentos e em como eles podem afetar a situação financeira familiar.
3. Conversar sobre isso com seu cônjuge e descobrir quais são as atitudes do casal em relação ao dinheiro. Elas são diferentes?

Construir um bom futuro financeiro envolve mais do que apenas ganhar dinheiro e saber investir. Existem traços específicos, ou comportamentos, que as pessoas bem-sucedidas em suas finanças adotam e incorporam à vida. Quais são os traços e atitudes que afetam a maneira como você ganha, gasta e poupa seu dinheiro?

2: Atitude

Na semana seguinte, eu e Cissa fomos juntos ao restaurante e nos sentamos à mesma mesa que eu e Catarina havíamos ocupado na semana anterior. Poucos minutos depois, Catarina chegou. Ela estava sorrindo e parecia surpresa.

— Cissa! — Apertou as mãos de minha esposa e deu-lhe um beijo na bochecha. Depois, sentou-se e começou a olhar o cardápio.

A garçonete dirigiu-se à nossa mesa e perguntou:

— Prontos para fazer o pedido?

Catarina pediu o prato do dia e sentou-se ao lado de Cissa para ver as novas fotos das crianças.

Enquanto isso, examinei o cardápio:

— São tantas opções! — disse. — Você teria alguma recomendação?

A garçonete apenas olhou para mim, com a caneta encostada no bloquinho de anotações, e falou:

— Eu gosto do hadoque grelhado — disse a jovem —, se você aprecia peixe, é claro.

— Esse prato é muito caro — disse Cissa. Olhamos um para o outro e ela completou: — Por favor, traga-me uma salada Caesar.

— Para mim um queijo quente, por gentileza — disse eu, fechando o cardápio.

Catarina sorriu e perguntou:

— Vocês tiveram uma boa semana?

— Sim, obrigado. Estive ocupado com o trabalho, mas, quando tive tempo, pensei bastante sobre a nossa conversa.

— Teve tempo para fazer o seu dever de casa?

Balancei a cabeça e disse:

— Não, desculpe-me. Estive sobrecarregado, e Cissa parecia estar sempre tão ocupada com o bebê que não tivemos tempo para falar sobre nossas atitudes — então, peguei o meu caderno. A página estava em branco, exceto pela palavra "Atitude", escrita bem no topo. — Isso é o mais longe que eu consegui chegar.

Catarina sorriu:

— Está bem — disse ela. — Mas isso é importante, Paulo. Estou assumindo um compromisso com você nesses encontros e preciso que se comprometa também.

— Bem, o problema é que eu não consegui pensar em nada. Talvez não tenha entendido exatamente o que você esperava.

— Eu não esperava nada, Paulo. Isso não é uma prova.

— Então, qual a razão disso?

Ela suspirou.

— A não ser que você acredite que pode mudar sua vida, não irá conseguir. Essa é a razão. Não posso forçá-lo a pensar em suas atitudes e seus hábitos — ela tomou outro gole de chá gelado e olhou para a rua. Do outro lado da janela, a calçada estava bem cheia. Executivos entravam e saíam das lojas em seu horário de almoço. Ela se virou para mim. Cissa se mantinha em silêncio, ouvindo tudo. Então, Catarina continuou: — Paulo, talvez nós não estejamos fazendo isso da maneira correta. Vamos começar novamente. O que vem à sua cabeça quando pensa na palavra atitude?

Pensei por alguns instantes e disse:

— Bem, acho que você pode ter uma atitude boa ou ruim. É tudo em que eu consigo pensar.

— Isso é verdade. Podemos escolher ter uma boa atitude ou uma atitude má, mas existe bem mais do que isso. A atitude é seu pensamento como um todo, suas crenças sobre certas coisas na vida. É também a base de diferentes comportamentos e ações.

— Tudo bem... E o que mais?

— É importante entender sua atitude sobre o dinheiro e seu futuro financeiro, incluindo os sentimentos que você tem em relação a ganhar, gastar e poupar. Se você não tiver a atitude correta, não alcançará sucesso. Mas se agir corretamente, Paulo, e se Cissa fizer isso também, suas chances de obter sucesso financeiro no futuro se tornarão maiores.

— Então qual é a atitude correta?

— Não existe resposta fácil para isso. Primeiramente, é preciso ter maturidade para entender os princípios da segurança financeira. Ser maduro com relação ao dinheiro significa ter habilidade de ver as implicações das suas escolhas atuais a longo prazo. É como ter uma visão panorâmica de sua vida, em vez de contar apenas com uma foto em *close* de um único dia. Faz sentido?

— Faz sentido para mim — respondeu Cissa.

— Vocês provavelmente já conheceram pessoas que precisam comprar tudo o que veem; indivíduos que percebem que um amigo comprou um carro novo e imediatamente precisam de um. Bem, elas podem não ter maturidade suficiente e, normalmente, não sabem pensar a longo prazo. Um elemento de maturidade financeira é a habilidade de retardar a satisfação para usufruir um benefício no futuro.

— É ter paciência? — perguntou Cissa, inclinando-se para frente e continuando: — Catarina, acho que você tem mais paciência do que nós dois, em quase tudo.

Catarina sorriu: — Maturidade e paciência caminham de mãos dadas. São qualidades de alguém que quer construir riqueza. É uma atitude de aprendizado.

— Por que aprender? — perguntei. — Não existe um ponto a partir do qual apenas mergulhamos e tomamos o controle de nossa vida?

— Você precisa estar aberto ao aprendizado se quiser ganhar conhecimento. A experiência é uma ótima professora, mas apenas se estivermos prestando atenção. Muitas pessoas acham que sabem tudo sobre finanças e, por isso, simplesmente não se dispõem a aprender nada de novo.

— E o que você acha? Considera que estamos abertos ao aprendizado?

— Acho que sim. Vocês estão aqui, não estão?

Eu sorri e pensei no pequeno disco que Jorge costumava rolar entre os dedos e utilizar em seus truques de mágica quando éramos pequenos. Parecia uma moeda, mas era de madeira e tinha algo escrito em um dos lados. Ele o guardava no seu bolso para usar naqueles encontros de família em que as crianças costumavam rodear sua cadeira para observar a moeda mágica surgindo atrás da orelha de alguém. Um dia, ele me deixou segurá-la; na frente estava escrito "Avante!". Então, Jorge me explicou como a maioria das pessoas desiste no meio do caminho, e que aquela moeda era seu lembrete para não desistir e encarar os desafios. Na época, não entendi o que aquilo significava.

Sua atitude é a base para diferentes comportamentos e ações. Com a atitude correta, suas chances de obter sucesso financeiro se tornam maiores.

— As atitudes erradas, como impaciência, falta de persistência ou irresponsabilidade, podem afastá-lo dos conhecimentos que lhe ajudarão a mudar seu futuro financeiro — continuou Catarina. Como disse na semana passada, é provável que você tenha uma atitude em relação a assuntos financeiros, mas Cissa também tem suas próprias concepções sobre o assunto. Vocês precisam conversar, pois não podem preparar o futuro de sua família adequadamente se não chegarem a um consenso.

Cissa e eu trocamos olhares.

— Mas é preciso que comecem com vocês mesmos — disse Catarina.

— Como?

— Um bom começo é analisar o que vocês compraram nos últimos três meses ou mais. Isso conta uma boa história sobre suas atitudes em relação às finanças. Vocês ficarão surpresos.

Concordei e imediatamente pensei na gravata que havia pagado com o cartão de débito e nas compras do salocão pagas com o cartão de crédito, já que não tinha mais dinheiro na conta. Comecei a ficar curioso com tudo aquilo. Deveria ter feito meu dever de casa.

— Se vocês dois pensarem nas coisas que compraram nos últimos três meses, certamente perceberão quão frequentemente o "querer" supera o "precisar de" algo.

Olhei pela janela. Parecia haver sempre alguma coisa que queríamos e constantemente encontrávamos uma maneira de justificá-la como necessidade. Olhei para Cissa e disse:

— Não vejo a hora de começarmos a discutir sobre tudo isso.

— Eu também não — disse ela. — Mas, se nós já brigamos em razão das compras do sacolão, como iremos conversar calmamente sobre todos os nossos planos para as finanças?

— Será difícil — reconheceu Catarina —, mas ambos são adultos e, certamente, terão a coragem necessária para identificar o que tem de ser modificado. Com isso, farão o que for preciso. Assim que identificarem as pedras em seu caminho e as atitudes que os mantêm na corda bamba, aprenderem mais sobre si mesmos e ganharem mais experiência, aprimorarão suas escolhas. Vocês não devem seguir a mentalidade da multidão, pois ela não lhes garantirá segurança financeira.

Ela fez uma pausa enquanto absorvíamos suas lições.

— Fazer o mesmo que todos poderá lhes trazer algum conforto imediato, mas, eventualmente, terminarão em apuros — como cerca de 90% dos indivíduos de nosso país, que não alcançarão sucesso financeiro a longo prazo!

— Estou cansada de tentar manter as aparências — disse Cissa.

— Tentar copiar os vizinhos é uma atitude inadequada — continuou Catarina. — Vivemos a cultura da gratificação instantânea, e parece que todo o mundo tem um telefone celular, um computador ou um carro novo.

Comecei a rir.

— Isso nos traz muitos problemas, Paulo. É inapropriado e nos leva ao fracasso, não ao sucesso financeiro.

— Tenho a impressão de que ultimamente temos apenas sobrevivido — protestei —, vivendo mês a mês, apesar dos bons aumentos que recebi nos últimos anos.

Não tivemos muitas despesas extras nem saímos por aí gastando feito malucos. Além disso, Cissa sempre aproveita todas as promoções do supermercado e pesquisa muito antes de comprar qualquer coisa que seja necessária para a casa ou para as crianças. Ela é muita cuidadosa com todos os nossos gastos.

— Isso é bom, mas há muito mais a ser feito. Alguns casais ficam no modo de sobrevivência e nunca saem dele. Eles têm muitas dívidas que continuam se acumulando. Nesse tipo de cenário, é difícil alcançar o sucesso financeiro. Parece difícil planejar. Mas, neste caso, planejar é importante.

— Mas nós não temos dinheiro extra — e, no momento, nem energia.

— Não há como atracar em terra firme e começar a construir riqueza se não nos direcionarmos para o sucesso financeiro imediatamente. Não existe ganho sem sofrimento! Uma atitude pertinente a este objetivo, a propósito — ela sorriu e tomou um gole de água.

Tomei nota: "Não há ganho sem sofrimento".

Catarina viu minha anotação e disse: — Deixe-me encorajá-lo: "Usado corretamente, um pouco de sofrimento pode trazer grandes ganhos".

— Bem — ela concluiu, retirando os óculos —, acho que isso é o suficiente por hoje.

Olhei para o relógio e disse:

— O tempo voa com você, Catarina.

— O tempo voa, Paulo. Você tem de reavaliar suas atitudes e começar a pensar no seu futuro. Você precisa planejar agora.

— Eu sei... Nós já conversamos sobre poupanças e investimentos em ações.

— Essas são coisas fáceis de se pensar, mas também é preciso refletir em como assegurar o futuro de seus filhos: seguro de vida e previdência privada, por exemplo — ela olhou para o restaurante lotado e continuou: — Você sabe, Paulo, que Jorge era um homem esperto. Nós planejamos o nosso futuro financeiro e nos ativemos ao plano. Fomos ajudados nesse caminho e nos tornarmos capazes de aprender sobre alguns dos fatores inerentes ao sucesso financeiro.

— Como ter uma boa atitude? — Cissa brincou.

— Sim. Mas a atitude é apenas um elemento que constrói o conceito de comportamento. É o comportamento propriamente dito que leva ao sucesso.

Eu me sentei e ouvi. Agora tudo o que ela dizia parecia fazer sentido.

— Existem outras partes do quebra-cabeça que vocês ainda não veem com clareza — Catarina completou. Mas, por enquanto, está tudo bem. Pelo menos vocês estão prontos para começar. E você, Cissa?

— Assim que chegarmos em casa — disse Cissa.

— Ótimo — disse ela —, isso é importante. Ambos precisam pensar em um plano. Nem sempre eu e Jorge fomos tão espertos com relação a assuntos financeiros.

— Não?

Ela balançou a cabeça enfaticamente: — Não, infelizmente não. Você sabe que Jorge era piloto da Força Aérea e, como todos os pilotos, por natureza, tendia a viver o momento — ela sorriu. — Eu amava essa qualidade nele, e foi assim que vivemos no início de nosso casamento. Gastávamos tudo o que ganhávamos, em uma busca constante de diversão e aventura... — sua voz ficou trêmula.

Eu ouvia atentamente.

— De repente, durante um mesmo ano, o esquadrão de Jorge teve dois acidentes em que os pilotos morreram. Nós vimos o quão despreparadas estavam as famílias daqueles profissionais — com pouco, ou quase nada poupado, sem seguros ou previdência além do oferecido pelo governo. Viúvas e seus filhos teriam de lutar financeiramente.

Aproximei-me um pouco mais, ansioso pelo final da história. Meu coração estava apertado.

— Aquela experiência foi muito marcante e abriu nossos olhos, especialmente os de Jorge. Ele percebeu como a atitude de "viver o hoje" era perigosa. Não nos garantia um futuro financeiro confortável caso algo acontecesse a um ou ao outro.

— O que vocês fizeram?

— Nós mudamos. Começamos a planejar seriamente um bom futuro financeiro.

Balancei a cabeça, dizendo:

— Não sabia nada sobre isso.

— Mas não é preciso que algo de ruim aconteça em sua vida para que você mude. Você tem uma vantagem, e pode começar agora.

— Muito bem! Então, o que teremos de fazer para a próxima semana, treinadora?

Catarina sorriu. Ela chamou a garçonete e entregou-lhe uma nota de 50 reais.

— Vocês vão fazer o dever de casa nesta semana? — perguntou.

— Sim — murmurei —, sinto como se estivesse na escola de novo. Qual é a tarefa desta semana?

— Sua tarefa será o conhecimento. Então, pensem na atitude de vocês; depois, peguem uma folha de papel e escrevam a palavra conhecimento no topo. Façam uma lista de tudo o que vocês pensam sobre dinheiro e de tudo o que gostariam de aprender sobre ele.

— Sabia que sempre tirei notas altas em todas as minhas matérias do curso de Economia? — disse eu. — Isso pode ser divertido.

- Ótimo - disse Catarina -, será divertido. E as recompensas serão ainda melhores.

ATITUDE

Precisamos considerar e constantemente reconsiderar nossas atitudes em relação à nossa situação financeira. "Querer" não significa "precisar". Reconhecemos essa diferença quando tomamos decisões sobre nossos gastos. Somos honestos com nossas escolhas?
É hora de encarar o desafio – de começar a trabalhar no próprio futuro financeiro. Não há ganho sem sofrimento.
Quando pensamos em perseguir o sucesso financeiro a longo prazo, a falta de persistência é um veneno.

Falta de persistência

Se começássemos hoje a investir 300 reais por mês, e o fizéssemos durante os próximos trinta anos, com juros de 8% ao ano, no final desse período teríamos 425.400 reais. Mas, se retardássemos nossos planos em apenas dois anos, e poupássemos somente por 28 anos, teríamos 357.900 reais. Portanto, deixar de investir 7.200 reais (300 reais por mês durante dois anos) criaria uma diferença de 67.500 reais. Isso certamente mostra o poder do tempo, quando consideramos os juros compostos. Uma atitude de aprendizado é importante ao longo de toda a vida. Todos precisam de ajuda – ninguém sabe tudo sobre a vida.

CONHECIMENTO

COISAS QUE SABEMOS SOBRE O DINHEIRO	COISAS QUE GOSTARÍAMOS DE SABER SOBRE O DINHEIRO

3: Conhecimento

A semana anterior ao próximo encontro com Catarina foi esclarecedora. De alguma maneira, eu parecia pensar sobre assuntos financeiros o dia todo – dinheiro entrando, dinheiro saindo. Eu ia e voltava do trabalho pensando em dinheiro. Fazia cálculos sem parar. Deitava na cama e ficava pensando em quanto ganharia naquele mês e de quanto precisaríamos para pagar as contas.

Em uma ocasião, cheguei a explodir com Cissa em pleno *drive-thru*, quando ela comprou um sanduíche extra para o garoto que estava cortando a nossa grama. Ele havia trabalhado o dia todo, sem pausa para o almoço, e ela sentiu pena dele. Mas eu não achava que fosse o momento de fazer caridade, pois simplesmente não havia sobrado nenhum dinheiro na conta no fim do mês.

Embora meu repertório de conhecimentos fosse enorme – reunido durante os longos anos do estudo de economia – e eu conhecesse bem o mercado de ações, ressentia-me por não poder contar com algo como uma "bíblia do dinheiro", à qual todos pudessem seguir! Por que tudo aquilo parecia tão complexo? Por que não existe em algum lugar um manual que nos ofereça todas as respostas?

Cissa e eu encontramos Catarina na quarta-feira com os ânimos renovados. Suas palavras não haviam saído de minha cabeça durante toda a semana, e, desta vez, eu tinha feito o meu dever de casa. "O comportamento das pessoas é o principal fator que afeta o sucesso financeiro", ela havia dito. "Pensem em suas atitudes. Pensem no que sabem sobre dinheiro e no que ainda não sabem."

Depois que nos sentamos e fizemos o pedido, saquei a minha tarefa de casa e coloquei-a em cima da mesa. Catarina sorriu. Cissa tinha a sua lista também.

— Bom trabalho — disse Catarina, olhando para as duas listas e completando —, essa lista é bem longa. Parece que você entende bastante sobre dinheiro.

— Nem tanto quanto imaginava — admiti. — Eu sigo o mercado de ações de vez em quando e sei o valor dos juros compostos. Coisas assim. Mas, tenho de reconhecer, não sei nada sobre seguros ou planos previdenciários, ou sobre como poupar para pagar a faculdade das crianças.

— É difícil saber tudo sobre um assunto se ele não faz parte da sua carreira — concluiu Cissa.

— É verdade — respondeu Catarina.

— Eu sei. Sou um profissional de vendas, não um consultor financeiro — assenti com a cabeça.

— Algo sobre o que muitos não pensam — disse Catarina — é a magnitude de suas necessidades financeiras futuras, ou seja, a situação como um todo; uma visão panorâmica. Há coisas ainda pouco palpáveis agora, para as quais vocês precisarão de dinheiro mais tarde.

— A faculdade, por exemplo — disse Cissa.

— Além do plano de saúde e do plano previdenciário. E não se esqueça de como a inflação irá afetar os custos futuros — continuou Catarina.

Olhei para ela confuso.

— Você quer dizer que esse cheesebúrguer poderá custar 20 reais em dez anos?

— Talvez. Quem imaginou que um barril de petróleo poderia triplicar de preço por causa de algo que está acontecendo do outro lado do mundo? A inflação é quase tão garantida quanto a morte e os impostos.

Ela ficou séria por um momento.

— Minha geração provavelmente não fez o bom trabalho que deveria ter feito, ensinando a seus filhos e netos o básico da "alfabetização financeira".

— Então, a culpa é sua de estarmos passando por tantas dificuldades? — comecei a rir.

— Bem, essa é uma boa lição. Vocês dois têm de trabalhar duro para ensinar às suas crianças sobre assuntos financeiros. Elas não vão aprender sozinhas. Contudo, é preciso que primeiro vocês adquiram esse conhecimento. É necessário se educar e estar disponível para aprender mais e se planejar.

— Sinto que estamos gastando mais do que ganhamos — eu disse. — Esse é o primeiro problema.

Cissa concordou.

— Vocês não estão sozinhos — disse Catarina. — Outro dia eu li que as pessoas em geral estão gastando mais do que poupando.

— E por que isso?

— Bem, meus amores, provavelmente existem várias explicações científicas, mas acredito que geralmente elas se resumem ao fato de que nós estamos todos gastando mais do que ganhamos. Isso significa que: ou estamos gastando a poupança, ou estamos fazendo mais dívidas.

Enfim, nosso comportamento está ligado aos resultados. Se a nossa maneira de agir, ou ética de trabalho, é pobre, nossa ética de poupar também o será. Quero dizer, é o modo como pensamos e agimos que irá afetar o quanto ganhamos e poupamos.

Enquanto ela falava, eu escrevia furiosamente, preenchendo a página do caderno. Tentava capturar tudo o que ela dizia. Havia algo intrigante sobre a ligação entre o comportamento e a riqueza. De qualquer maneira, sabíamos que comportamentos podiam ser modificados. Tudo o que precisaríamos fazer era assumir um comprometimento com a mudança e adotar atitudes saudáveis que pudessem alterar positivamente nosso futuro financeiro.

— E a quantidade de dívidas das famílias está crescendo — continuou Catarina.

— Como você sabe disso tudo? — perguntou Cissa. — Você deve assistir ao canal de economia.

— Oh, não saberia disso tudo sozinha. Ainda costumo encontrar frequentemente nosso consultor financeiro.

— Você é esperta. Por que ainda o encontra?

— Descobri que a sabedoria não está apenas no conhecimento que já adquirimos, mas em buscá-lo constantemente. Quando tinha a sua idade, imaginava que já sabia de tudo. Descobri que uma atitude de aprendizado é importante para a vida toda. Ninguém jamais detém todo o conhecimento.

— E como você sabe a quem recorrer? — questionei.

— Boa pergunta. Uma boa ideia é selecionar cuidadosamente suas fontes de conhecimento e verificar, de modo independente um do outro, quais pontos parecem importantes para cada um. É o mesmo conceito de escolher uma equipe de trabalho. Pense nela como sua rede pessoal de inteligência financeira. Um dia seu conhecimento se tornará parte dos seus hábitos cotidianos e do seu estilo de vida. Mas vocês precisam ter a mesma atitude sobre como caminhar rumo ao futuro financeiro e como fazê-lo funcionar.

— Parece uma atitude inteligente.

— Meu consultor financeiro também me mantém atualizada sobre o que está acontecendo com as minhas finanças, bem como sobre mudanças na legislação e em outras questões que podem afetar meu bem-estar financeiro. Não posso me dar ao luxo de estragar tudo na idade em que eu estou.

— A idade está na cabeça das pessoas, não é? — comentou Cissa.

— Na verdade não. Isso é um mito e nos oferece um bom tópico para discutir. Na próxima semana deveríamos falar sobre crenças, mitos e outras coisas nas quais as pessoas acreditam, mas que não são verdade. "A idade está na cabeça das pessoas" é apenas um desses ditos populares que as pessoas gostam de falar por aí, Cissa. Não quero parecer racional demais, querida, mas cada um tem a idade que realmente tem. Não podemos retroceder os ponteiros do relógio. Vocês precisam se preparar agora, porque terão apenas algumas décadas de passagem aqui pelo mundo.

— Meu Deus, isso tudo parece bastante elucidativo — murmurei. Mas, quando olhei para Catarina percebi que ela estava rindo, com a cabeça inclinada para trás e as mãos sobre a boca. Ela parou e apontou para mim, revelando unhas perfeitamente cuidadas.

— Para ter sucesso financeiro, é necessário muito mais do que conhecimento — disse ela. — Porém, possuí-lo ou não poderá influenciar o modo como você se comporta financeiramente. Todos esses elementos sobre os quais estamos falando acabarão fazendo sentido no final.

— Assim espero, por nossa família — disse.

— Sim — disse Catarina —, para a sua família, para a sua paz de espírito e satisfação pessoal.

— Então, qual é o nosso dever de casa? — perguntei, com a caneta pronta para escrever.

— Crenças — instruiu. — Na próxima semana, vamos nos concentrar em crenças financeiras.

Escrevi no topo da página: CRENÇAS FINANCEIRAS.

— Vamos conversar sobre verdades, crenças e mitos que envolvem os assuntos financeiros — coisas que podem gerar muitas dívidas e nos levar a um estilo de vida que impedirá o acúmulo de nossa riqueza.

Concordei. Aquilo parecia interessante para mim.

— Então, você quer que façamos uma lista de todas as crenças que temos em relação ao dinheiro?

— Isso mesmo! Você está começando a entender.

— Mas como isso difere do conhecimento?

— Conhecimento é o que você aprendeu, e se baseia em fatos. Crenças financeiras, em contrapartida, são mais opiniões do que fatos. Elas se desenvolvem ao longo do tempo e apresentam pouca ou nenhuma evidência factual, mas podem ter impacto significativo em sua situação financeira.

— Hum... Acho que ainda não entendi. Poderia ser mais clara? — perguntei.

— Bem, o conhecimento é como a lista que pedi que vocês preparassem: o primeiro item que anotaram foi a importância de investir em ações. Esse pode ser um bom investimento, claro, mas nem sempre. Isso demonstra que o conhecimento de vocês sobre o dinheiro pode não estar tão acurado, ou completo.

— E as crenças?

— A tarefa das crenças é diferente. A lista deve incluir conceitos que você e Cissa considerem verdadeiros sobre o dinheiro. Coisas que ouvem no dia a dia e acabam acreditando ser verdade — não necessariamente o que aprenderam, mas no que acreditam.

— Bem, eu tenho um bom exemplo. Meu chefe costuma dizer que é importante ter vários cartões de crédito para construir um bom crédito no mercado.

Catarina sorriu. — Este é um bom exemplo, porque é um mito em que muitos de nós acreditamos. Cartões de crédito são apenas dívidas. Não vamos entrar nesse assunto nesta semana, mas vocês já têm um bom começo. Você já tem um exemplo perfeito de crença.

Ela então chamou a garçonete e pediu a conta.

— Esses são apenas alguns dos elementos do comportamento — disse ela. — Quando terminarmos, vocês estarão prontos para elaborar um plano para o futuro.

CONHECIMENTO

É preciso adquirir uma base sólida de conhecimento sobre assuntos financeiros e escolher as fontes desses conhecimentos com sabedoria.

Contudo, não é possível "saber tudo", especialmente não sendo um profissional do ramo. Embora bastante astuta em assuntos financeiros, Catarina conta com a ajuda de um consultor.

A sabedoria não está apenas no conhecimento que já adquirimos, mas em buscá-lo constantemente.

4:
Crenças financeiras

No sábado seguinte, nossa máquina de lavar louças quebrou; gastei uma hora tentando consertá-la e mexendo no encanamento, enquanto Cissa e as crianças assistiam a tudo. O problema é que nunca fui muito habilidoso nessas tarefas e acabei ficando muito frustrado, até desistir e chamar um encanador, que cobrou ainda mais caro por ter de fazer uma visita no final de semana.

Na segunda-feira, percebi-me pensando bastante sobre a conversa com Catarina e tive de admitir que sua sabedoria era revigorante. Eu não podia perguntar aos colegas de trabalho sobre dinheiro, afinal, meu salário era superior ao do resto da equipe de vendas, e todos ali me viam como um exemplo. Além disso, finanças pessoais não era um assunto sobre o qual costumássemos conversar. Era bom dirigir um ótimo carro e poder mostrar que tínhamos dinheiro. Porém, era extremamente difícil contar ao meu melhor amigo que Cissa e eu estávamos enfrentando dificuldades financeiras naquele ano, principalmente considerando que nossos salários estavam melhores do que nunca.

Na quarta-feira seguinte eu estava tão ansioso pelo encontro com Catarina que cheguei ao restaurante 15 minutos mais cedo. Eu pretendia pagar adiantado pelo almoço e surpreendê-la, mas, quando entrei no salão, já a vi sentada à nossa mesa.

— Oi, Paulo! — disse ela com alegria. — Como foi a sua semana? Você fez o dever de casa?

— Sim! — exclamei sorrindo. — Cissa e eu trabalhamos juntos e fizemos uma longa lista.

— Estou impressionada — disse ela.

— Eu também! Estivemos bem ocupados nesses dias. Na verdade, Cissa queria estar aqui, mas está ocupada com um projeto especial na escola.

— Como vão as crianças?

— Elas estão ótimas. Caras, mas ótimas.

— Isso é apenas o começo, Paulo. Espere até elas chegarem à adolescência! Roupas, notebooks, acampamentos. Logo elas vão precisar de mais do que simples brinquedos!

Concordei, mas não disse nada. Não queria pensar naquilo por hora.

— Estive pensando bastante sobre o nosso almoço da semana passada — disse —; tenho de admitir que estou levando os assuntos financeiros bem mais a sério agora.

— É mesmo?

— Sim, mas também estou em uma encruzilhada. Sinto-me muito confuso e sobrecarregado quando começo a pensar sobre nossa situação financeira.

— Você está falando da mesma maneira que em nosso primeiro almoço, Paulo: sobrecarregado. Muitas perguntas e poucas respostas.

— Sim, é isso. E tenho de admitir, quero seu conselho, mas... Catarina... eu realmente... não me leve a mal... — hesitei. Não tinha certeza de como diria a ela o que precisava. — Bem, não estou certo de que você esteja me ajudando — fiquei vermelho.

— Bem, Paulo, provavelmente eu não estou mesmo.

Olhei para ela curioso, esperando pelo final da piada. Mas aquilo não era engraçado.

— É você quem deve se ajudar — disse finalmente.

— Mas... Então, estou confuso. Por que estamos conversando sobre isso em todos os encontros semanais? Pensei que conversaríamos sobre investimentos e sobre o que você e Jorge fizeram para alcançar tranquilidade financeira. Quero saber o seu segredo.

Catarina começou a rir:

— Oh, entendo, você quer saber o meu segredo.

— Sim — disse defensivamente —, o seu segredo para construir riqueza — eu não queria conversar sobre sentimentos e crenças e toda aquela conversa. — Não me entenda mal, mas sou um cara de números. Eu queria conversar sobre o seu segredo, os investimentos que você fez, as ações que comprou. Não sobre coisas para refletir, como crenças, atitudes ou sentimentos.

— A maioria das pessoas quer o segredo. Elas querem correr para a linha de chegada e descobrir a fórmula mágica do sucesso! Mas não existe fórmula mágica, Paulo. Não existe segredo. Esta é uma longa jornada, uma maratona, não uma corrida de velocidade. Se você não estiver disposto a aprender como alcançar a linha de chegada, não conseguirá atingi-la. Não existe outra maneira de dizer isso. Não sou uma administradora de finanças, Paulo. Como disse antes, são esses elementos do comportamento — os assuntos sobre os quais temos conversado — que irão determinar seu sucesso financeiro.

— Ok, ok. Tudo bem. Podemos conversar sobre conhecimento, crenças, o que você quiser. Mas eu gostaria de falar também sobre dinheiro.

— Nós já estamos conversando sobre dinheiro. Tudo que fazemos interfere no modo como ganhamos, poupamos e gastamos nosso dinheiro. Tudo em que acreditamos e o que sentimos afeta nossa atitude. Esses comportamentos e a maneira como agimos comprometem nosso futuro financeiro. Entendeu?

— Acho que sim.

— Então, vamos conversar um pouco sobre as coisas que você acredita serem verdade. Esse é um bom começo.

Olhei para a minha lista.

NOSSAS CRENÇAS FINANCEIRAS

- *Quem tem mais bens materiais é melhor que os outros.*
- *É preciso ter vários cartões de crédito para construir crédito.*
- *Poupar para a faculdade é importante (para as crianças).*
- *A chave para o sucesso financeiro no futuro é fazer os investimentos corretos.*
- *O governo cuidará do meu futuro.*
- *Dinheiro não compra felicidade (mas pode!).*

Catarina leu a lista e perguntou:

— Então, estas são as suas crenças?

Fiz sinal afirmativo com a cabeça. — Cissa e eu escrevemos juntos no café da manhã outro dia.

Não existe segredo.
Essa é uma longa jornada. É uma maratona,
não uma corrida de velocidade.

— Vejo que temos algum trabalho a fazer.

— Está tão ruim assim?

— Não totalmente, mas percebo que ambos compartilham de alguns mitos enganosos sobre a chave para o sucesso financeiro. De certa maneira, escolher os investimentos corretos é importante para construir riqueza, mas existem alguns conceitos básicos muito mais importantes para acumular riqueza a longo prazo. Os investimentos adequados são apenas parte disso.

— Como assim? — eu me recostei na cadeira, cético.

— Bem, há muito tempo aprendi que existem três variáveis impactantes sobre a acumulação de riqueza: o tempo, a taxa de retorno e o montante investido. Tempo, a meu ver, é o elemento mais importante que afeta o tamanho de sua propriedade. Portanto, não se trata apenas de escolher o investimento certo. Isso, isoladamente, não lhe proporcionará sucesso financeiro. É importante planejar e pensar sobre essas três variáveis. E não se esqueça do efeito adverso que a desistência terá sobre o seu sucesso financeiro a longo prazo. O conceito é relativamente simples, mas, ao mesmo tempo, difícil de ser incorporado.

— Paulo, estamos discutindo desde a semana passada sobre o que você sabe e acredita em termos de finanças, e, justamente nesta manhã, eu estava lendo um artigo sobre investimentos. É um exemplo perfeito do poder do tempo sobre o ato de investir, e pode nos ajudar a reforçar os aspectos sobre os quais estávamos conversando. Aqui está. Por que você não dá uma olhada enquanto eu cumprimento minha amiga Márcia, que acabou de entrar?

Existem três variáveis que têm impacto sobre o acúmulo de riqueza: tempo, taxa de retorno e montante investido. O tempo representa o maior impacto sobre o retorno dos seus investimentos.

Li o artigo e fiz algumas anotações enquanto minha prima conversava com sua amiga. Os números eram impressionantes.

Resumo do artigo: Imagine dois indivíduos que tenham um período de trinta anos para investir. O número 1 começa imediatamente, colocando 3 mil reais por ano em um investimento que renda

10% ao ano; investe por oito anos e depois para de investir, mas deixa o dinheiro na aplicação, onde permanece rendendo 10% todos os anos (esta pessoa investiu 24 mil reais).

O número 2 retarda o início da poupança para usar o dinheiro na compra de alguns itens "essenciais", como um carro esporte. Ele não começa a investir antes que o número 1 pare, e, então, investe 3 mil reais por ano pelos próximos 22 anos na mesma aplicação, que rende 10% ao ano (este indivíduo investe um total de 66 mil reais).

Qual deles terá mais dinheiro depois de trinta anos?

A pessoa 1 terá 307.201 reais.

A pessoa 2 terá 235.629 reais.

Portanto, o primeiro investe menos, mas termina com mais!

Catarina retornou e logo perguntou:

— Então, o que acha?

— Agora estamos falando a mesma língua. Eu cursei uma matéria sobre ações na faculdade, e confesso que era o melhor aluno da classe. Ganhei mais do que todo mundo na competição de investimentos.

— Então, investir é uma coisa natural para você?

— É uma de minhas habilidades, gosto de pensar nisso.

— Quais investimentos você possui?

— Bem, no momento, nenhum, além do programa de ações da empresa em que trabalho. Mas eu planejo investir.

— É, como eu disse antes, o tempo é um elemento--chave. Portanto, você precisa sair da fase de planejamento e partir para a ação. A chave é começar a poupar e a investir desde cedo, e contar com todas as vantagens dos juros compostos.

A moeda de madeira do Jorge com a inscrição "Avante!" voltou imediatamente à minha cabeça!

— Temos um plano de previdência privada na empresa. Como funcionário, invisto 2% do meu salário e a companhia contribui com um valor igual.

— Mas você poderia contribuir com um pouco mais e alavancar a contribuição da sua empresa.

— Bem, acho que não podemos pagar mais nesse momento — disse.

Catarina fez que não com a cabeça e disse:

— O que você não pode fazer, Paulo, é deixar de participar. Este é um dinheiro livre com o qual a empresa está disposta a contribuir, e você não está dando a ele a importância necessária.

Olhei para ela e cogitei:

— Bem, talvez nós pudéssemos cortar a despesa com o garoto que cuida da grama. Talvez pudéssemos até cortar outros gastos — ela estava certa.

— Veja — ela disse —, investir não é uma ciência aeroespacial. Precisa de algum planejamento, é claro, e o envolvimento de um especialista seria bem-vindo. Mas o básico é bem fácil de aprender e de colocar em prática.

— Por exemplo, focar no básico daquilo em que acreditamos, sentimos e pensamos?

— Sim, exatamente. A chave está no comportamento e nos elementos que o influenciam. São esses os elementos nos quais estamos nos concentrando — ela olhou para a lista —, e que me levam justamente ao próximo ponto. Você escreveu: "O governo cuidará do meu futuro". Realmente acredita nisso?

— Eu não, mas Cissa acredita. Ela escreveu isso pensando na aposentadoria.

— Bem, pelo menos por enquanto, não acho que vocês deveriam considerar a aposentadoria como uma garantia para pessoas da sua idade, Paulo. Na melhor das hipóteses, o governo meramente poderia oferecer-lhes um valor para a subsistência, insuficiente para qualificar um futuro financeiro de sucesso. Contar com o governo para qualquer coisa além do básico não é realista.

Eu me recostei na cadeira e respirei fundo. Minha garganta estava seca e eu tomei um gole de água.

— Está tudo certo, Paulo. Você é jovem. Ainda tem muito tempo para planejar e executar. Os princípios sobre os quais estamos conversando podem mudar a vida de pessoas muito mais velhas do que você, então certamente irão ajudar a você e Cissa.

— Então, qual é o meu próximo passo?

— Na próxima semana, conversaremos sobre valores morais. Pense sobre isso, Paulo. Pense nos valores que permearam sua criação e em como eles afetam seus pensamentos em relação ao dinheiro. Até a próxima semana.

Catarina se foi. Aquilo tudo estava ficando mais difícil do que eu imaginara.

CRENÇAS FINANCEIRAS

As crenças dão forma ao nosso comportamento. Portanto, se estiverem erradas, adivinhe? Nosso comportamento tomará uma direção equivocada. Existem vários mitos sobre finanças que não expressam a verdade:

- não precisamos de vários cartões de crédito para construir um bom crédito;
- escolher os melhores investimentos não é o elemento mais importante para um sucesso financeiro no futuro;
- pagar o valor mínimo da dívida do nosso cartão de crédito não é uma atitude positiva.

Precisamos pensar bastante sobre os nossos hábitos e aquilo que consideramos "verdades" financeiras.

Parece que existe ainda muito a saber sobre essas verdades para que tenhamos um bom programa financeiro. Mas, afinal, como podemos ter certeza de que sabemos tudo o que precisamos? (Estou começando a entender por que Catarina conta com o auxílio de um consultor financeiro.)

Está claro que o tempo é um grande elemento na corrida pelo sucesso financeiro a longo prazo... e que a desistência é terrível!

5: Valores

Cissa e eu chegamos ao restaurante com alguns minutos de atraso para o nosso encontro seguinte. Catarina já estava nos esperando à mesa, comendo sua salada. Cissa e eu fizemos nosso pedido, já ansiosos para começar a reunião.

— Foi uma semana difícil — admiti, dando uma mordida no meu sanduíche. — Eu mal pude dormir, pensando em tudo isso.

— Mas vejo que não afetou seu apetite!

— Muito engraçado — disse eu, rindo do comentário.

— O que exatamente o tem deixado acordado durante a noite, querido?

— Tenho a impressão de ter dado um grande passo para trás desde o nosso primeiro encontro — disse, enquanto Catarina apenas olhava para mim, calmamente. Dei outra mordida no meu cheesebúrguer e continuei: — Revisei nossas anotações dos últimos almoços, nos quais conversamos sobre conhecimento, atitudes, verdades, crenças e agora valores. Sinceramente, não sinto que estamos chegando a lugar algum. Sinto-me como um hamster em uma daquelas rodinhas, apenas correndo sem sair do mesmo lugar.

— Porque você queria conversar sobre ações.

— Bem, não apenas ações, como planos de previdência, investimentos, bônus e tudo o mais. Isso me deixaria animado. É nisso que estou interessado para poder mergulhar de vez na construção da minha riqueza.

— Você sente o mesmo? — ela perguntou a Cissa.

— Não, eu gosto dessas conversas.

— Se você quer falar especificamente sobre ações e bônus, Paulo, precisa conversar com um profissional do mercado financeiro. Contudo, você me perguntou sobre meu segredo e estou lhe dizendo que não existe fórmula mágica. Esses elementos do comportamento sobre os quais estamos conversando são os verdadeiros truques para se construir um sucesso financeiro.

— Como você sabe? — perguntei.

— Eu aprendi todos eles, assim como você está aprendendo agora.

— Com quem?

— Bem, alguns com Jorge. Mas ele aprendeu tudo isso com o nosso consultor financeiro.

Recostei-me e peguei a lista que havia preparado.

— Eu não sou uma pessoa muito paciente, se você ainda não percebeu — disse sorrindo. — Acho que é um bom ponto para começarmos.

Catarina me observava enquanto eu lia a minha lista de valores. Ela então perguntou:

— E o que vocês encontraram?

— Aqui diz que valores, especialmente os tradicionais ou conservadores, servem para promover o bom funcionamento da família e fortalecer a sociedade.

— Isso o ajudará em relação ao que conversaremos hoje? — ela perguntou.

— Não muito. Deixe-me ler a definição que achei na Wikipedia.

— Wiki o quê?

— É uma enciclopédia *on-line*. As definições são bem diferentes das encontradas no dicionário. Normalmente oferecem muito mais. Na Wikipedia, os valores são definidos desta maneira:

> *Cada indivíduo possui uma base de características e princípios pessoais que contribui para seu sistema de valores. A integridade na aplicação de um valor garante a sua continuidade, e tal continuidade separa os valores das crenças, opiniões e ideias.*

Recostei em minha cadeira e disse:

— Esta definição me deixou pensativo.

— É mesmo? Como?

— Pensei sobre o termo integridade, e também sobre a última parte da definição que diz que os valores estão separados das crenças, das opiniões e das ideias. Achei isso interessante. Antes, considerava que tudo fosse a mesma coisa. Mas foi a questão da integridade que me deixou pensativo, porque... bem... acho que não tenho sido totalmente honesto com você — estranhamente, Catarina não pareceu espantada com minha confissão. Ela comeu um pouco de sua salada e deixou o garfo delicadamente ao lado do prato. Limpou os lábios com um guardanapo de papel e olhou para mim curiosa.

Em seguida, completei meu raciocínio:

— Integridade significa honestidade, mas acho que talvez eu não tenha sido totalmente honesto comigo mesmo nem com você.

— O que você quer dizer, Paulo?

Cissa mudou de posição em sua cadeira.

— Bem, meu único objetivo ao começar tudo isso, tenho de admitir, era descobrir como você ganhou todo o seu dinheiro. Veja, eu via você e Jorge, todos esses anos, fazendo aquelas viagens, vivendo tão bem, e observava como a sua família era diferente da nossa. Nós sempre vivemos em casas menores e bairros piores. Nem sempre podíamos comprar as melhores roupas e coisas assim. Eu queria saber o que vocês fizeram diferente dos meus pais e de outras pessoas que eu conheço. Mas, no fundo, eu tinha outro objetivo que nunca compartilhei com você.

— E qual era?

— Eu não havia pensando sobre isso até esta semana, quando comecei a pensar sobre os meus valores. Acho que eu guardei isso em meu inconsciente. Mas, quando fizemos nosso primeiro contato, meu objetivo estava forte no meu consciente — olhei para o pequeno pedaço que sobrara do meu sanduíche. — Meu objetivo era me tornar um milionário antes dos 30 anos.

Catarina recostou-se na cadeira e perguntou:

— Então, você quer ser um milionário até os 30 anos?

— Sim. Este tem sido meu objetivo desde criança, quando ainda entregava jornais.

— Bom, esse é um sonho comum, Paulo. Você ficaria surpreso ao saber que um grande número de pessoas também pensa assim. Aí, os 30 anos passam, e, bem...

— Catarina, por que você chama isso de sonho, ou de pensamento, e não de um objetivo? — perguntei.

— Paulo, um objetivo está atrelado a um plano realista e ao comportamento. Lembra-se dessa palavra? — perguntou Catarina.

— Mas eu vou alcançá-lo! — retruquei.

— Só faltam alguns anos, Paulo — disse ela.

Cissa bateu nas minhas costas.

— Eu sei, mas algumas pessoas se acertam, inventam coisas, tornam-se empreendedoras. Talvez eu possa começar um negócio.

— Levou anos para que chegássemos a essa marca, Paulo. E nunca houve nenhuma fórmula mágica. Nós alcançamos nosso nível social trabalhando sobre todas as coisas nas quais você e eu estamos nos concentrando agora: mudando nosso comportamento e atentando para os nossos valores — Catarina inclinou-se para frente. — Conte-me uma coisa. Por que é tão importante para você alcançar a “marca do milhão”? Como isso mudaria a sua vida?

— Você está brincando? Tudo mudaria!

— O quê?

— Eu teria liberdade, em primeiro lugar. Não precisaria cumprir horários, ou me reportar a alguém. Seria capaz de fazer o que quero.

— Ter 1 milhão de reais não significa que você poderá parar de trabalhar. Existiriam ainda contas a pagar e, provavelmente, você aumentaria seu padrão de vida. Seus financiamentos seriam mais altos. Seu custo de vida seria mais elevado. Você ainda teria de pagar pela faculdade de seus filhos e, quando eles estivessem crescidos, isso poderia custar entre 50 mil e 100 mil reais para cada um por ano, dependendo da universidade que escolhessem!

Eu me recostei e pensei sobre o que ela havia dito. Ainda assim eu queria ser um milionário.

— Escute, tornar-se um milionário não é um objetivo ruim. Mas você tem de pensar nos valores por trás disso. O que, nisso tudo, é realmente importante para você? É a liberdade que o dinheiro lhe comprará? Porque isso tudo parece bem egocêntrico. Você somente falou sobre o que esse objetivo irá proporcionar-lhe. E quanto à sua família?

— Tenho certeza de que Cissa não se importaria de ser uma milionária — eu comecei a rir. Cissa sorriu.

— Novamente, Paulo, é nobre ter ambições e objetivos. Melhor que não tê-los. Mas tornar-se um milionário... O que isso realmente significa? Que você possuirá mais dinheiro no banco do que tem agora, sem dúvida, mas será que isso quer dizer que terá uma vida melhor? Você deveria examinar seus valores. Qual é o combustível desse seu desejo de ser um milionário? O que é importante nisso?

— A liberdade, em primeiro lugar. A liberdade de ser meu próprio chefe. Mas, para isso, acho que precisaria ter minha própria empresa, o que significaria uma mudança completa de estilo de vida. Eu precisaria achar algo que pudesse fazer, talvez um produto ou um serviço. Contudo, isso certamente significaria ficar mais tempo longe das crianças...

— Mas você não precisa ser seu próprio chefe para se tornar um milionário. Existem muitas pessoas que pouparam por anos, investiram corretamente e atingiram esse objetivo. Como Jorge e eu.

— Acho que não é tanto o dinheiro, mas a liberdade — disse. — O dinheiro é apenas um meio para se chegar a um fim. Eu não quero me sentir como uma abelha operária trabalhando em um cubículo para o resto da minha vida. No momento eu me sinto apenas como um número.

— O dinheiro é só um método para alcançar seus sonhos. Ele não é o objetivo final, mas só um meio para financiar seus sonhos e seu estilo de vida.

— Acho que estou começando a entender. Então, eu não preciso me tornar um Donald Trump aos 30 anos.

— Se fizer as escolhas certas, conseguirá ganhar e poupar mais de 1 milhão de reais. Mas eu acho que você deveria passar mais tempo pensando sobre seus valores. O que é verdadeiramente importante para você? Acho que ainda não mencionou absolutamente nada do que suspeito lhe ser realmente fundamental.

— Como o quê?

— As crianças, por exemplo. Se o conheço bem, acredito que você vai querer que elas sejam aceitas nas melhores faculdades. Tenho certeza de que isso é importante. Sei também que gostaria de passar mais tempo com elas. Então, ter liberdade para fazer isso é essencial.

— Quero levá-las a lugares em que nunca estive quando era criança, ensinar-lhes coisas sobre o Brasil e o mundo, mostrar-lhes os lugares e marcos históricos. Isso requer dinheiro.

— Se essas viagens são importantes para você, precisará planejá-las adequadamente, guardar dinheiro. Isso significa tomar decisões financeiras orientadas por seus valores. Então, em vez de comprar um carro novo igual ou superior ao dos seus vizinhos, você poderá pensar no que é mais importante, o carro ou uma viagem com as crianças.

— Certamente a viagem é mais importante. Acho que entendo aonde quer chegar. Se temos nossos valores claros em mente, não seremos apenas capazes de escolher o que queremos, mas estaremos também em uma posição melhor para fazer escolhas financeiras, e não reagiremos baseados somente em emoções momentâneas. Portanto, se eu, talvez, definisse meus objetivos, quero dizer, se Cissa e eu definíssemos nossos objetivos, conseguiríamos estabelecer planos em comum.

— Exatamente. — Vocês podem ter um encontro em família no jantar. Jorge e eu sempre fazíamos isso.

— Eu gosto da ideia — disse Cissa.

— Objetivos baseados em seus valores — disse minha prima. — É exatamente esse o dever de casa de vocês para esta semana.

VALORES

O dinheiro não é o único componente de um futuro de sucesso. Ele facilita os valores que realmente importam, como: liberdade, sustento da família, legado a ser deixado etc.

Considerando-se que o dinheiro é importante, é fundamental que nos façamos algumas perguntas:

- O que, na vida, é ainda mais importante que o dinheiro?
- Quais são os nossos valores morais e como o sucesso financeiro atua sobre eles?
- Entre o "querer" e o "precisar", o que realmente importa na vida?

6: Objetivos

Cissa e eu nos encontramos com Catarina no restaurante e ela parecia dez anos mais jovem que na semana anterior. Seu sorriso estava radiante, e ela emanava energia.

— Olá, crianças — disse sorrindo. — Vocês tiveram uma boa semana?

— Sim, na verdade, tivemos — senti-me mais energizado apenas por estar ao lado dela. — Pensei muito na conversa que tivemos e fiquei ansioso pelo nosso próximo encontro.

— Hoje, falaremos de objetivos! — disse. É excitante, porque agora sinto que estamos em um estágio em que vocês estão prontos para seguir adiante e definir algumas metas para seu futuro financeiro.

— Cissa e eu tivemos uma ótima conversa sobre isso na semana passada. Nós até fizemos uma lista de todas as coisas que queremos. Tínhamos alguns objetivos diferentes, claro, mas também várias metas em comum.

— Chamamos uma babá e saímos para jantar levando nossos cadernos de anotações — Cissa acrescentou. — Conversamos sobre valores, mitos e nossas atitudes em relação ao dinheiro.

— E como vocês se sentiram?

— Muito bem! — Cissa respondeu. — Na verdade, nossa reunião foi tão bem-sucedida que decidimos estabelecer uma noite para discussões financeiras por mês. Iremos sempre ao mesmo restaurante e levaremos nossos caderninhos. Sem as crianças.

— Conversar sobre dinheiro torna a noite desagradável? — Catarina sorriu.

— Bem, a discussão ficou calorosa em alguns momentos — admiti. — Mas determinamos algumas regras básicas. Concordamos em não ficarmos bravos um com o outro, e que ouviríamos o ponto de vista de cada um; depois concordaríamos ou não.

— São boas regras. Estou orgulhosa de vocês.

— É muito divertido, Catarina. Os assuntos financeiros não são algo que ignoramos agora. Graças a você e aos nossos encontros, isso não é mais um bicho de sete cabeças, algo que ninguém entende.

— Não é bom ser diferente dos seus amigos?

— É ótimo — disse Cissa. — Esse é um assunto sobre o qual ninguém conversa em nosso círculo de amigos, porque todos agem como se já tivessem muito dinheiro. Mesmo os nossos amigos que não têm empregos muito bons parecem ter as melhores coisas em suas casas e gastar muito dinheiro. Mas nós decidimos viver de uma maneira diferente agora. Vamos ajustar nossa vida e pensar sobre nossos valores e comportamentos.

— Isso demanda disciplina, mas vale a pena no fim — disse Catarina. — E estou muito feliz em ver o entusiasmo de vocês. Vamos então conversar sobre objetivos. Definir metas é o primeiro passo para realizarmos nossos sonhos. Sem objetivos, a vida se torna uma caminhada sem rumo, e isso inclui os aspectos financeiros.

Pensei naquilo por um momento e logo percebi que ela realmente falava com sabedoria.

— Cissa e eu temos nos saído bem, mas confesso que nossa caminhada tem sido um pouco sem rumo. Tomamos decisões no calor do momento, baseando-nos em emoções como quando assistimos de camarote a um show de nossa banda favorita em outro estado. Pagamos mil reais apenas pelos ingressos, sem contar as passagens aéreas e o hotel. Foi um fim de semana maravilhoso, mas que nos levou dois mil reais. Nós poderíamos ter assistido ao show pela televisão. Você me fez pensar sobre isso. Fiz as contas do que esse dinheiro teria rendido ao longo de vinte anos. Mesmo que a taxa fosse de apenas 8%, nós já teríamos 9.300 reais disponíveis para a faculdade das crianças e para outros objetivos mais importantes.

— Existem alguns aspectos importantes sobre objetivos que precisam ser compreendidos — disse Catarina. — Eles devem ser específicos, mensuráveis, compreensíveis e alcançáveis. Objetivos são como marcadores colados no chão que nos ajudam a navegar pela vida, pois apontam para o horizonte. Eles norteiam nosso caminho. Os mais próximos são mais fáceis de se observar, mas os que estão no horizonte são alcançados por meio de nossos valores pessoais. É isso o que verdadeiramente importa, mesmo que seja difícil enxergar.

— Então, como começamos a definir as metas? — perguntou Cissa.

— Elas são baseadas em valores, portanto, é mais fácil do que imagina. Seus objetivos vêm de coisas realmente importantes para você, nas quais acredita e que dão sentido à sua vida. Lembre-se de todas as suas discussões sobre valores e o que realmente almejam para vocês e seus filhos. Todos temos valores diferentes. Nossos objetivos não surgem do nada, precisam ser desenvolvidos. Então, eles estarão de acordo e apoiarão o que você mais valoriza em sua vida a curto e longo prazos.

— Entendo. Quanto tempo isso irá durar? — perguntei.

— O processo de descobrir quais valores conduzem a sua vida e os seus objetivos requer alguma introspecção. Isso não significa apenas passar um tempo sozinho, portanto, é difícil responder à sua pergunta — ela então se recostou na cadeira e sorriu. — Algumas vezes, os objetivos de curto prazo irão levá-los aos de longo prazo, mas eles também podem funcionar isoladamente, desde que sejam conduzidos por seus valores.

— Isso parece engraçado. Estamos na metade do caminho, já que conversamos bastante sobre isso na reunião que tivemos durante aquele jantar. Uma descoberta que nos surpreendeu foi que agora conhecemos melhor um ao outro. Nós conversamos sobre o que queremos para as crianças, sobre a faculdade, nossos planos de viagens e coisas assim. Mas como podemos saber se definimos os objetivos corretos?

— Eles devem parecer autênticos. Seus objetivos estarão corretos quando refletirem aquilo que realmente valorizam na vida — Catarina fez uma pausa e tomou um gole de água. — Vocês também precisam definir estágios mensuráveis ao longo do caminho para os de longo prazo, e avaliar como estão se saindo durante o percurso de modo que se certifiquem de estar no rumo certo.

— É mesmo? — perguntou Cissa.

— Sim. E, muitas vezes, os objetivos de curto prazo são exatamente esses estágios. O orçamento ajuda a colocar tudo na perspectiva correta.

— Este foi o ponto sobre o qual tivemos maior dificuldade para chegar a um acordo: o orçamento.

— Geralmente é assim. Porém, mesmo que se faça apenas um rascunho inicial no papel, isso ajudará a colocar os objetivos na perspectiva correta, pois auxiliará na determinação de metas baseadas na realidade.

Recostei e fiz algumas anotações.

— Temos muito a fazer nesta semana, Catarina.

— Isso é verdade.

— Mas não vejo a hora de começar!

— Ótimo. Você e Cissa poderão alcançar muitos dos seus sonhos. Mas, para que isso aconteça, precisam começar estabelecendo o que desejam. O que realmente vocês querem para o futuro imediato e para daqui a cinquenta anos. Sobre essas coisas vocês deveriam conversar com um consultor financeiro. Foi o que fizemos, Jorge e eu.

— O consultor falou a vocês sobre as características das pessoas ricas? Seus hábitos e suas estratégias? Eu adoraria saber.

— Ah, sim — ela sorriu.

Eu esperei.

— Bem, existem muitas, mas os três comportamentos essenciais são a disciplina, o comprometimento com um plano financeiro de longo prazo e o estabelecimento de objetivos realistas e alcançáveis.

— Parece bem simples — eu concordei.

— Basicamente, a partir de uma perspectiva de valores, o sucesso financeiro requer disciplina para viver dentro de seus meios, um comprometimento com os seus objetivos financeiros e o desenvolvimento de um plano eficiente para chegar lá. Para fazer isso da maneira mais eficiente possível, é necessário conhecer seus próprios valores; precisam saber o que é importante para vocês.

— Então, como podemos descobrir nossos valores? — perguntei.

Ela sorriu. — Tudo parte do que é importante para você. É fundamental definir metas específicas que estejam em sintonia com suas crenças e seus valores pessoais. É um enfoque mais holístico. Eu acho que conversar com alguém pode ser bom, mas quando estiver pronto.

— Você acha que eu estou pronto?

— Eu não sei, Paulo. Mas não vai doer. Não sou uma profissional. Somente estou dando a vocês as informações que aprendi ao longo do tempo, tanto pela experiência quanto com a ajuda de meu consultor.

Olhei para o relógio e disse:

— Detesto reduzir o tempo do nosso encontro nesta semana, mas tenho de preparar uma reunião com um cliente importante.

Catarina sorriu. — Pode ir, Paulo. Vejo você na semana que vem, no mesmo horário e no mesmo local. Cissa e eu terminaremos sozinhas.

— Qual é nosso dever de casa? — perguntei, antes de me retirar.

— Paciência — ela respondeu.

— Paciência?

— Sim, paciência e disciplina. É sobre o que iremos conversar. Por isso, sem dever de casa para vocês, a não ser pensar nessas duas palavrinhas.

— Perfeito! — dei um beijo no topo da cabeça de cada uma e saí apressado.

OBJETIVOS

Objetivos ajudam a nortear o comportamento. São como marcadores colados no chão que nos auxiliam a navegar pela vida, pois apontam para o horizonte, tanto os mais próximos como os mais distantes.

Desenvolver objetivos significativos para a nossa vida financeira é trabalhoso, pois precisam ser periodicamente revisados e atualizados.

Ter os valores pessoais como base é fundamental: os objetivos não surgem do nada; devem ser desenvolvidos. Se isso foi feito de maneira correta, estarão baseados no que valorizamos na vida.

Os objetivos devem ser: específicos, mensuráveis, compreensíveis e alcançáveis.

Sem objetivos, nossa vida (incluindo seu aspecto financeiro) não será nada mais do que uma caminhada sem rumo.

Um orçamento nos ajudará a colocar os objetivos na perspectiva correta (realidade).

7: Paciência e disciplina

Na quarta-feira seguinte, passamos a primeira meia hora de nosso encontro comendo e falando sobre as crianças. Estava um pouco pensativo e suspeitava que Catarina estivesse nos dando um tempo para digerir o almoço antes de começar com as perguntas difíceis. Todos sabíamos que ser paciente era para mim o comportamento mais desafiador. Afinal, desde os meus tempos de faculdade, quando era um atleta competitivo, a paciência era uma característica da qual definitivamente eu não precisava. Acabei levando para minha carreira a agressividade, a agilidade e também a capacidade de concentração. Meu lema sempre foi: "o passarinho que chega primeiro come a minhoca". Afinal, se a vida é curta, como a paciência poderia ser uma virtude? Finalmente, Catarina olhou para mim e me fez uma pergunta:

— O que vem à sua mente quando você ouve a palavra paciência?

Permaneci em silêncio, pensando em uma resposta. Então, contei até dez justamente em uma tentativa de mostrar-me paciente.

— Não é uma palavra positiva para mim — disse de maneira impulsiva —, e me faz pensar em morosidade. A palavra paciência me sugere falta de dinamismo; penso em uma tartaruga, em chegar em segundo lugar. Acho que tenho mais a ver com o oposto. Sou jovem, Catarina! Adepto de pensamentos como "*carpe diem*", ou seja, "vá em frente!" e "agarre o momento!". Pretendo atingir nossos objetivos agora. Quero comprar uma casa nova em breve, talvez um carro esporte também. Somente se vive uma vez.

Ela começou a rir. — Certo...

— Ora, o que há de divertido em ter paciência?

— A paciência não tem de ser divertida, Paulo, mas pode ser uma característica bem valiosa. Acha que os grandes guerreiros do mundo não tinham paciência? Suspeito que muitas vitórias tenham acontecido pelo fato de os antigos líderes avaliarem pacientemente as defesas e fraquezas de seus inimigos.

Cissa e eu ouvíamos atentamente.

— Você pode ser uma pessoa paciente e, mesmo assim, agarrar as oportunidades. Muitos grandes líderes são pacientes. Isso não é uma fraqueza, mas uma força. Principalmente quando falamos de sucesso financeiro. Pense na paciência como uma maneira agressiva de fazer a escolha certa.

— Mas, se você é muito paciente, pode perder ótimas oportunidades de investimentos e compra de ações.

— Oh, essa é uma crença perigosa, além de ser um conceito enganoso. De vez em quando é possível adquirir boas ações em elevação. Mas, se você não é um profissional da área que tem isso como meio de vida, será apenas um apostador.

Concordei. Perdi dinheiro em investimentos que pareciam certos ao aceitar conselho de amigos.

— Paciência definitivamente não é a melhor qualidade de Paulo — confirmou Cissa.

— Lembra-se de quando praticava esportes, Paulo? — perguntou Catarina.

— Sim. Fui atleta durante todo o ensino médio e também na universidade. Era o capitão do time de futebol na universidade.

— As qualidades de que sempre precisou nos esportes são semelhantes às que necessita agora, como um líder de família, visando a um bom futuro financeiro para todos. Você tem grande importância no time e precisa ostentar as qualidades corretas para vencer a partida.

— Bem, rapidez, coragem e astúcia sempre foram importantes no esporte.

— Explique-me o que quer dizer.

— Se não fôssemos rápidos, Catarina, não conseguiríamos manter a posse da bola. O time adversário iria roubá-la.

— Tudo bem. Então, o jogador mais rápido do time era o melhor?

Neguei com a cabeça.

— Por que não? — questionou.

— Bem, um dos nossos melhores jogadores era muito, muito rápido, mas, justamente por causa disso, nem sempre conseguia marcar um gol. Ele podia percorrer o campo mais rápido do que todo o outro time, mas era tão veloz que acabava passando na frente dos próprios colegas que, incapazes de alcançá-lo, não conseguiam lhe passar a bola e, consequentemente, não tinham como ajudá-lo.

— E o que acontecia?

— Ele tentava marcar todos os gols sozinho — disse. De repente, percebi o que ela queria dizer. — Então, você está me dizendo que eu preciso ser parte de um time, em vez de fazer tudo sozinho?

— Bem, o futebol não é um esporte solitário — disse ela. — Não se entra sozinho no campo nem se joga contra si mesmo. É preciso contar com um time, com outros companheiros que lhe passem a bola. Alguns irão se mostrar mais rápidos e ágeis; outros, mais pacientes. Cada um deles desenvolverá uma estratégia mental, sempre aguardando pelo melhor momento para chutar ou passar a bola e, assim, ajudá-lo a ganhar.

— E os melhores jogadores têm os dois — disse. — Porque o time inteiro é importante; os jogadores ajudam uns aos outros a ganhar.

— Isso mesmo, Paulo. Agora você entendeu. O planejamento financeiro é como uma competição esportiva. Entre tantas outras qualidades, é preciso ter paciência para ganhar.

— Que outras qualidades? — perguntou Cissa.

— Disciplina.

— Porque o caminho para um futuro financeiro de sucesso é uma maratona, não uma corrida de velocidade, como muitos pensam.

Catarina riu. — É isso mesmo! E também porque o tempo é um dos componentes para acumular bens.

— Continue — e inclinei-me para frente.

— Se você não tem a paciência e a disciplina para esperar que o tempo e os juros façam seus bens crescerem, não será capaz de construir uma riqueza real. Vencedores focam no comportamento pessoal o tempo todo, em vez de olharem apenas para os resultados a curto prazo. É o mesmo nos esportes, Paulo. Você acha que Tiger Woods* se concentra apenas no seu jogo de golfe daquela semana?

— Não. Ele treina todos os dias, o ano todo. Li em algum lugar que ele treina mental e fisicamente cerca de sete horas por dia. E não apenas praticando golfe. Ele treina a mente, medita e pratica musculação. Na verdade, acho que todos os melhores atletas têm treinadores particulares.

— Talvez seja o momento de você e Cissa iniciarem algum tipo de treinamento paralelo. Para vencer, precisarão encontrar maneiras de incorporar a paciência e a disciplina em sua vida todos os dias. Desse modo, começarão a aprimorar técnicas e hábitos. Vocês poderiam começar realizando diariamente duas ou três tarefas que exijam paciência e disciplina.

— Como ouvir mais as crianças. Isso requer paciência! — dei uma pequena risada.

* Eldrick Tont Woods, mais conhecido por Tiger Woods, jogador de golfe norte-americano, é considerado um dos melhores golfistas da atualidade. (N.E.)

Catarina sorriu.

— Claro, todos poderíamos ouvir mais e melhor. Mas vocês poderiam também focar diariamente em dois comportamentos financeiros. O primeiro é sempre retirar uma parte do salário e poupá-la, sem esperar para ver o que sobra. O segundo é gastar menos do que se ganha. É preciso observar em quais áreas é possível gastar menos no dia a dia. Vocês ficarão espantados em perceber como um café, ou um sanduíche a menos no fim da semana poderá significar uma boa economia.

— O que mais podemos fazer? — perguntou Cissa.

— Seja paciente — disse ela — e disciplinada, e o seu futuro financeiro irá melhorar. Comece separando uma parte de cada aumento para elevar o valor poupado. Isso requer paciência e disciplina, porque certamente desejarão comprar coisas para seus filhos ou para a casa. É preciso que entendam e se lembrem constantemente de que estão comprometidos com seus objetivos de longo prazo. — Não se distraiam com questões momentâneas, como flutuações do mercado. Tenham seu foco no futuro.

— E há sempre uma maneira de justificar tais distrações. Você sabe, *carpe diem*; vivemos apenas uma vez — disse rindo.

— Sim, claro. Somente vivemos uma vez aqui na Terra. Mas podemos escolher viver com segurança financeira ou enfrentar uma vida de luta, mês a mês. Não é esse o legado que pretendem deixar para seus filhos, é?

— Não, de jeito nenhum. Vamos fazer isso, Catarina. Sou otimista e sei que preciso ter paciência. Eu e Cissa, juntos, construiremos uma riqueza real e duradoura.

Deixamos o restaurante bem mais entusiasmados e ansiosos do que quando havíamos entrado, e também com uma estranha sensação de paz.

PACIÊNCIA E DISCIPLINA

Paciência e disciplina: dois outros elementos que afetam o comportamento.

Alcançar sucesso financeiro e segurança é uma maratona, não uma corrida de velocidade. (A não ser que se ganhe na loteria e, posteriormente, sejam tomadas sábias decisões!)

O tempo é um componente-chave na construção da riqueza: é preciso ser paciente por longos períodos e manter o foco em objetivos guiados por nossos valores pessoais.

É fundamental estabelecer o hábito de poupar uma parte do salário, sem esperar para ver o que irá sobrar dele no final do mês. É preciso também aprender a gastar sempre menos do que se ganha.

8:
O plano

Estava tão ansioso para chegar ao restaurante que estacionei o mais rápido que pude e corri para a porta da frente. Como de costume, Catarina já estava sentada à mesa, esperando por mim, almoçando. Depois de alguns minutos, Cissa juntou-se a nós, aproveitando seu horário de almoço da escola.

— Escrevemos nossos objetivos — disse, logo em seguida. — Conseguimos! Sinto-me tão melhor.

— Parece que vocês estão se divertindo agora — disse Catarina, sorrindo.

— Estamos mesmo! E prontos para o próximo passo — coloquei nossa lista de objetivos sobre a mesa. — Dê uma olhada. Veja se nos esquecemos de algo.

Catarina olhou para a lista:

— Parece que vocês avançaram bastante — comentou. — Duas páginas cheias!

— A elaboração levou algumas horas, mas foi gostoso sonhar, falar sobre as férias que teríamos em casa, quando as crianças fossem para a universidade.

— O orçamento foi uma dose de realidade, entretanto — disse Cissa.

— É fácil sonhar, não é?

— Mas, sem recursos, é só o que temos. Apenas sonhos — pisquei para Catarina. — Objetivos são estabelecidos por meio do comportamento.

— Isso é ótimo, Paulo. Bem, já conversamos sobre o papel do comportamento para o sucesso financeiro e sobre quais manias podem afetar nossa atitude. Agora, precisamos discutir algo que possa transformar hábitos ruins em comportamento positivo. Jorge e eu estávamos sempre redescobrindo o quão benéfico um plano básico poderia ser ao nos ajudar a chegar aonde queríamos. Você e Cissa já têm os objetivos e agora precisam de um plano para certificar-se de que eles se realizarão. É preciso que estabeleçam um plano para atingir as metas. Vocês pensaram nisso?

— Não — admiti. — Foi nesse ponto que nos enrolamos. Parece haver tantos sonhos que queremos realizar. Acho que jamais teremos dinheiro suficiente para tudo, a não ser que possamos recorrer a um empréstimo.

— Mas o empréstimo será um peso — disse Cissa.

— É verdade — disse Catarina.

— Eu sei. Não vamos fazer isso. Acima de tudo, valorizamos a liberdade que o sucesso financeiro irá nos proporcionar, e estamos prontos para trabalhar duro e alcança-lo. Teremos a disciplina necessária para atingir nossos objetivos - e também a paciência. Cissa é melhor nisso do que eu.

— Mas você também tem pontos fortes — disse ela. — Como a sua habilidade de vender e ganhar dinheiro, e de fazer um bom planejamento financeiro.

— Obrigado, Catarina.

— E todo ano ele é promovido — disse Cissa. — Paulo tem toda uma carreira pela frente.

— Isso é bom — disse Catarina —, mas vocês também precisam de um plano financeiro para ajudá-los a guiar seu comportamento.

— Como assim? — perguntei. — Quero dizer, eu sei que precisamos de um. Mas como ele irá nos ajudar a mudar o modo de agir e pensar em relação a nossos gastos, e também como nos confundimos em relação a "vontades" e "necessidades"?

— Bem — ela começou —, Jorge aprendeu cedo em sua carreira de piloto sobre a necessidade de um plano. Ele tinha o avião, o combustível e sabia aonde queria chegar. Contudo, o que ainda precisava para juntar tudo isso era um plano de voo, ou seja, um caminho estruturado e metódico que lhe permitisse usar os recursos que já tinha para atingir um destino. O planejamento também facilitava bastante suas decisões durante o voo.

Fiz uma anotação na margem da página: "não se pode chegar ao destino sem um plano". Eu já havia lido sobre isso em vários livros e artigos. Realmente parecia ser verdade, mas eu nunca havia aplicado esse conceito ao nosso futuro financeiro.

— Essa é a essência do planejamento — ela continuou. Devemos usar nossos recursos de maneira organizada para conseguirmos alcançar o objetivo desejado. Claro que planejar é essencial para uma operação militar de sucesso, mas acredito que vocês possam perceber como isso também é importante em nosso cotidiano.

Quando você e Cissa começarem a pensar sobre o que costuma influenciar seu comportamento — atitudes, conhecimento, valores, objetivos, paciência e disciplina —, saberão como amarrar todos esses elementos para que sirvam de guia ao seu comportamento pessoal.

Catarina fez uma pausa, e depois resumiu:

— Acho que a melhor maneira de sintetizarmos tudo isso é dizendo que "uma vida desprovida de qualquer tipo de plano garantirá que vocês não alcancem todo o seu potencial".

— Uau — exclamei, e me recostei à cadeira.

— Sei que isso parece duro, mas pense um pouco. Você disse que seu objetivo era se tornar milionário até os 30 anos. Porém, essa meta não será alcançada, porque você não tem um plano de como atingi-la. Não que este seja um objetivo muito realista, lembre-se — disse sorrindo.

— Eu acreditava que, mais cedo ou mais tarde, algo surgiria em meu caminho, tornando-me rico!

— Sim, a maioria dos jovens pensa assim. Mas, Paulo, a esperança não é um plano. E a vida sem um plano logo se torna uma jornada sem rumo, ou, na melhor das hipóteses, um amontoado de objetivos de curto prazo com pouca ou nenhuma relação com o que você realmente valoriza. Você se saiu muito bem ao definir o que quer para o seu futuro, mas talvez não tão bem em traçar um panorama de suas metas e determinar como seus valores e comportamentos as afetariam.

Peguei a minha caneta e uma folha de papel.

— Estou pronto — disse —, diga-me por onde devo começar, por favor!

— Ok! Vamos conversar sobre os elementos de um plano. A palavra planejar pode parecer ameaçadora, especialmente para alguém como você, que gosta de resultados. Mas, na verdade, um plano, independentemente de estar escrito ou apenas em sua cabeça, é feito de somente alguns elementos básicos. Não tem nada de ameaçador.

— Quais são os elementos? — eu estava preparado para escrever no caderno.

— O primeiro elemento são os valores essenciais ou pessoais. É isso que o faz ser quem você é, e também estabelece suas crenças. O segundo é a visão que você tem de seu futuro pessoal.

— Você quer dizer o nosso plano?

— A visão vem antes do plano, mas certamente faz parte dele.

— Como definimos a nossa visão?

— Bem —, disse ela olhando nos meus olhos — como pretende definir a si mesmo quando crescer?

— Quando crescer, quero ser rico e livre.

— E o que isso irá lhe trazer de benefícios?

— Para mim, riqueza significa segurança. Liberdade é a possibilidade de passar mais tempo com minha família, tendo dinheiro suficiente para comprar para eles o que querem e aquilo de que precisam. Com base nos objetivos que vêm dos nossos valores pessoais, claro.

— E você, Cissa?

— Bem, algo que está claro para os dois é que queremos pagar pelos anos de faculdade de cada um de nossos filhos. Então isso é um objetivo, imagino eu.

— Portanto, para alcançar esse objetivo importante, sua estratégia incluiria abrir algum tipo de fundo de investimento universitário no nome de cada um deles.

— Como uma poupança? — perguntei.

— Talvez — respondeu Catarina. — Um bom consultor financeiro poderá lhe falar sobre os prós e contras e direcioná-los para que façam o investimento mais adequado. Contudo, ninguém será capaz de definir seus objetivos e sua visão para o futuro.

Ocupei-me fazendo algumas anotações, enquanto Cissa respirava fundo.

— Depois, vocês precisarão pensar nas atividades específicas que desenvolverão para executar suas estratégias. Por exemplo, em relação à sua meta de ajudar seus filhos a cursar uma universidade, vocês irão separar uma porcentagem de cada pagamento de seu salário para investir no fundo universitário das crianças?

— Sim, queremos fazer isso.

— Vocês terão de desenvolver estratégias como essa para cada meta.

— Entendo.

— Precisarão também decidir como irão se comprometer para fazer com que a estratégia funcione. Em seguida, ambos pensarão sobre os objetivos intermediários, ou outras medidas que terão de ser tomadas para garantir o sucesso. Perguntas do tipo: quando nossos filhos tiverem 8 anos, qual será o saldo de aplicação necessário para que tenhamos certeza de que estamos no caminho certo? Isso é só um exemplo, lembrem-se. Eu não sei exatamente qual o valor necessário, descontando a taxa de inflação e todas as outras variáveis.

— Isso é ótimo, Catarina. Continue.

— Acho que entenderam o panorama. Vocês precisarão desenvolver um plano sólido para o futuro. Agora, ambos estão no caminho certo e um plano os ajudará a manter toda a vida equilibrada. Vivemos em um mundo complexo, Paulo. Sem ter um plano, é difícil perceber como a vida pode manter-se em equilíbrio.

— Eu entendo. Existem muitas tentações. No caminho para cá, vi um carro novo que já estou namorando há um tempão. Mas, de acordo com nossos planos, se eu comprasse aquele carro esporte, não conseguiríamos tirar férias por cinco anos! — eu ri. — Bem, posso estar exagerando, mas certamente atrapalharia algumas de nossas metas. Como a universidade das crianças, por exemplo.

— Existirão tentações pelo caminho, meus amores. Portanto, ambos precisarão ter certeza de que o plano inclui uma contabilidade pessoal. Um consultor financeiro poderá ajudá-los com isso.

— Estou bem animado agora.

— Vocês precisarão atualizar continuamente o seu plano e seus elementos. Não estarei sempre aqui para guiá-los, portanto, terão de lidar com isso sozinhos. A vida não é estática, e apesar de o planejamento levar tempo, ele não deve ser visto como o objetivo final. As coisas podem mudar, amanhã pode ser diferente do que vocês esperavam... — sua voz ficou embargada. Senti que ela estava pensando em Jorge. — Tais mudanças, porém, não devem ser desculpas para que abandonemos nossos planos pessoais. Ainda hoje mantenho o plano que Jorge e eu estabelecemos e aproveito os benefícios.

— Quero ter um plano no qual a minha família possa se apoiar, independentemente do que aconteça — disse.

— Eu também — Cissa concordou.

— Bom plano, crianças. O futuro de vocês a partir de agora será seguro!

O PLANO

Os elementos de um plano são:

- Valores – Quem somos nós? O que valorizamos? Por quê?
- Visão – Para onde estamos indo, efetivamente? Como definimos a nós mesmos?
- Metas – Que objetivos sólidos queremos alcançar e nos servirão de guia rumo à nossa visão?
- Estratégias – Em um sentido mais amplo, o que faremos para alcançar nossas metas?
- Atividades – O que faremos diária e continuamente para executar nossas estratégias?
- Objetivos – Quais metas intermediárias nos ajudarão a medir o progresso do nosso plano?
- Prestação de contas – Para que o plano se torne cada vez mais sólido, é preciso segui-lo e atualizá-lo conforme as circunstâncias se alteram.

O planejamento nos ajuda a ordenar situações da vida em relação aos desafios, à confusão e à mudança.

VIDA

E a vida sem um plano logo se torna uma jornada sem rumo, ou, na melhor das hipóteses, um amontoado de objetivos de curto prazo com pouca ou nenhuma relação com o que você realmente valoriza.

9: Um modelo de planejamento financeiro

Cissa e eu fomos ao restaurante para o nosso último encontro com Catarina. Era outono, e as folhas das árvores começavam a cair no para-brisa. Pensei nas estações do ano e no modo como pareciam mudar rapidamente. Estas mesmas mudanças ocorrem em nossa vida. Há apenas alguns anos, eu e Cissa estávamos na universidade; depois, veio o casamento e o nascimento de nossos filhos. Logo eles também seguirão para a universidade. As coisas mudam continuamente.

Encontramos Catarina na mesa de sempre.

— Olá! — disse, sorrindo. — O dia não está lindo?

— Está sim, bastante — concordamos. Então olhei para minhas anotações.

— Estou tão animado em relação ao plano — disse. — Nós nos sentamos, conversamos e o elaboramos juntos. Parece que Cissa e eu estamos agora oficialmente na mesma página - depois acrescentei, sorrindo: — Só temos um problema.

— E qual é? — perguntou Catarina.

— Não sabemos para onde ir daqui.

— É verdade. Cissa sorriu.

— Bem, um bom modelo de planejamento financeiro possui três elementos fundamentais. Vocês precisam se reunir com um profissional que possa guiá-los por esse caminho. Um consultor financeiro confiável certamente irá ajudá-los nesse processo.

— E quais são esses três elementos?

— Isso é algo que o seu consultor financeiro poderá explicar melhor, assim que vocês lhe apresentarem suas metas. Posso até oferecer alguma informação, mas estaria apenas antecipando o que ele próprio dirá.

— Nós vamos procurar um consultor, mas gostaria que você nos dissesse quais são os três elementos.

— Bem, eu sei que um bom planejamento financeiro inclui aspectos como administrar o risco, os ganhos e o rendimento líquido e a acumulação de bens. Estes são assuntos sobre os quais Jorge e eu sempre conversamos com nosso consultor. São essas as três áreas sobre as quais vocês irão pensar para o resto de sua vida.

— Então parece bem simples. Talvez eu estivesse dificultando as coisas.

— Pode ser simples — ela disse —, depois que você aprende o básico com um especialista.

— Gostaria de saber mais sobre esses três elementos. Poderia nos dar mais informações? — perguntei.

— Adoro seu entusiasmo, Paulo — ela respondeu. — Administrar o risco tem a ver com seguros. A maioria das pessoas sabe pouquíssimo sobre os vários tipos de seguro existentes.

— Nós não temos seguro agora, mas sei que precisamos providenciar um.

— Sim, vocês precisam de um. Mas o seu consultor poderá dizer exatamente qual o tipo mais adequado, baseado nas metas e necessidades de sua família. A maioria das pessoas se concentra apenas no dinheiro quando contrapõe o plano financeiro à administração dos riscos, porque acha que investir é muito mais glamoroso do que fazer um seguro.

— Concordo!

— Mas deixar de lado elementos-chave do seguro, como proteção à vida, à propriedade e aos ganhos, no caso de inválidez, por exemplo, pode ser desastroso.

Estava pensando em Cissa e nas crianças. Queria ter certeza de que eles estariam protegidos para a vida toda.

— E qual é a premissa básica da administração de receita? — perguntou Cissa. — É poupar?

— Sem dúvida. É alocar seus ganhos em um plano de despesas e poupança. Mas também implica criar um fundo para emergências e uma conta de poupança que proporcionem a liquidez necessária para evitar dívidas, como o uso excessivo de cartões de crédito, que podem sabotar seu futuro financeiro e fazer com que suas economias evaporem.

— Nós já passamos por isso. Mas tudo irá mudar, pois, de agora em diante, teremos um plano melhor.

— O último aspecto do planejamento financeiro é o acúmulo de bens e sua administração. Essa é a parte divertida para você, Paulo, já que gosta de investimentos. Isso incluirá entender as oportunidades de investimentos e outros aspectos, como: tempo, recursos disponíveis e taxa de retorno.

— Vejo que temos muito a aprender, Catarina. Gostaria de ter começado com isso há cinco anos.

— Mas você está começando agora — ela disse —, e isso é ótimo! Você está dando a si mesmo a oportunidade de não dizer o mesmo daqui a cinco anos.

A garçonete chegou e eu paguei a conta antes que Catarina tivesse a chance de pegar sua carteira. Naquela semana, eu estava preparado.

— Obrigada, Paulo — ela se aproximou e nos abraçou.

— Obrigado a você — eu disse. — Esse pode ter sido o melhor investimento que já fiz.

— O tempo que você e Cissa passarem planejando o futuro financeiro, assim como o empenho em seguir adiante com ele, será um dos melhores investimentos que vocês irão fazer — ela disse.

Quando partimos, pensei sobre o nosso futuro e imediatamente soube que ela estava certa.

O QUE APRENDI?

1. Nosso comportamento individual exerce grande impacto sobre o futuro financeiro da família.
2. Nosso comportamento financeiro é afetado por:
- nossa atitude em relação a assuntos financeiros;
- nosso conhecimento sobre assuntos financeiros (ou a falta dele);
- nossas crenças (elas podem estar erradas ou mal direcionadas);
- nossos valores (o que realmente importa para nós e o que nos guia?);
- nossos objetivos na vida;
- paciência – a vida é uma maratona, não uma corrida de velocidade;
- disciplina – separar primeiro o que vai para a poupança; gastar menos do que ganhamos.
3. Posso modificar e guiar meu comportamento financeiro com um plano bem delineado.
4. Um plano é constituído de valores, visões, metas, estratégias, atividades e marcos importantes para avaliações.
5. Um plano precisa de responsabilidade e prestação de contas pessoal.

O que vem depois?

1. Comeće já.
2. Agende uma visita com um consultor financeiro.

Epílogo

Eu estava dirigindo o meu utilitário Ford, montanha abaixo, pela estrada coberta de neve. O destino era o hotel. As crianças estavam assistindo a um filme no DVD do banco de trás, e Cissa lia um livro no banco ao meu lado. Essa era a nossa terceira viagem para o Valle Nevado, no Chile, uma pista de esqui da região. André e Adriano já esquiavam melhor do que eu e Cissa.

Eu não podia acreditar em como aqueles encontros com Catarina haviam mudado nossa vida. Depois deles, Cissa e eu nos encontramos com um consultor financeiro e desenvolvemos uma relação contínua e positiva. Estabelecemos nossos valores e, depois disso, nunca mais desistimos. Constantemente nos sentávamos, revisávamos nossas metas e renovávamos compromisso com o nosso plano. O consultor nos ajudou a desenvolvê-lo. Com sua ajuda, esclarecemos nossas dúvidas e nossos valores e determinamos metas. Ele também nos auxiliou a atualizá-lo frequentemente. Todo aquele planejamento nos permitiu fazer viagens de férias pelas quais jamais imaginávamos poder pagar.

Cissa virou-se para as crianças e perguntou:

— O que vocês gostariam de fazer amanhã, esquiar ou praticar *snowboarding*?

André respondeu animadamente:

— *Snowboarding*!

— Esquiar! — respondeu Adriano.

No dia seguinte, nossos belos garotos, de 12 e 15 anos, singraram as montanhas usando os trajes de esqui que havíamos comprado no último Natal. Eles esperavam por nós no fim da pista, rindo bastante.

As férias anuais no Valle Nevado eram um sonho que havíamos acalentado por muito tempo, e, finalmente, Cissa e eu conseguimos poupar o suficiente para realizá-lo nos últimos três anos. A partir de então, havia se tornado uma tradição, assim como as brincadeiras no gelo e a distribuição de *cookies* de chocolate gigantes, que eu sempre trazia comigo naquelas ocasiões.

Olhei para Cissa e sorri.

— Você pode acreditar nisso? — disse ela, com os olhos cheios de lágrimas. — Você pode realmente acreditar que podemos viver assim, levar nossos filhos para viajar, passar algum tempo juntos, como uma família?

— Houve um tempo em que não tinha certeza de que seríamos capazes de viver desse modo — disse.

— Por quê? — perguntou André do banco de trás. — Viver como?

Limpei minha garganta:

— Bem, sua mãe e eu tivemos de fazer algumas escolhas difíceis quando vocês estavam no jardim de infância para que fôssemos capazes de realizar viagens como esta. Tivemos de tomar decisões financeiras que nos ajudariam a criar um legado para vocês dois. Paramos de gastar em demasia e começamos a poupar.

— Vocês saberiam me dizer o que é um legado? — perguntou Cissa.

— Não — responderam os dois.

— Um legado é aquilo que você deixará para seus filhos e netos. É aquilo pelo que seremos lembrados.

— Não entendi — disse André.

— É o seu plano para o futuro — explicou Cissa. — Seu legado é sua reputação, seu futuro financeiro, sua visão, suas atitudes e ações, tudo junto. Acho que a melhor maneira de descrevê-lo é visualizar um baú contendo o tesouro que você mesmo enterrou na neve. Mais tarde, quando a neve derreter e alguém achá-lo, o que vai estar dentro dele?

— Dentro dele estará o seu tesouro — eu disse — aquilo que você colocou lá dentro para que alguém achasse. Pode ser ouro, prata ou uma carta de amor. É o seu presente para seus descendentes e para o mundo.

— E todo mundo recebe um legado? — perguntou Adriano, curioso.

— Sim — eu disse. — Por exemplo, minha prima Catarina nos deixou um legado de que lembraremos para sempre. Ela sempre foi uma pessoa boa e disposta a ajudar. Poupou seu dinheiro para que pudesse ajudar os que precisassem e viajar pelo mundo. Sua maior colaboração foi nos ajudar a construir nosso legado.

— Ela nos ensinou a poupar e planejar nosso futuro financeiro — completou Cissa.

— Eu poupo a minha mesada — disse André.

— E eu tenho 5 reais no meu quarto para doar para a caridade no final do mês — disse Adriano.

— Estou feliz de ter ensinado isso a vocês. Doar e poupar são atitudes importantes. Vocês certamente serão recompensados pelo bom comportamento ao longo da vida.

— E poderemos continuar tendo férias como estas? — perguntou André, rindo.

— Sim. Sua mãe e eu temos um consultor financeiro que nos ensinou sobre a importância de seguir um planejamento financeiro, mas Catarina foi quem nos ajudou a perceber o quanto isso é importante. Sua mãe e eu fazemos um orçamento e seguimos tudo à risca, todos os meses. Sempre nos certificamos de que temos dinheiro suficiente para pagar por tudo aquilo que vocês precisam na vida.

Naquele momento parei o carro no estacionamento do hotel e desliguei o motor. Então, voltei-me para Cissa e sorri. Essa jornada valeu a pena. Havia ainda muito mais para ser vivido, e agora podíamos pagar. Planejamos bem, e agora os garotos tinham uma boa poupança para seus estudos. Cissa e eu cuidamos de nossa aposentadoria, mesmo sabendo que isso ainda estava distante. A vida ia bem. Fizemos planos emergenciais para gastos imprevistos e nos livramos de todas as dívidas do cartão de crédito. Mas o principal, era que tínhamos o apoio uns dos outros.

— Vamos brincar na neve, pai! — disse Adriano, descendo do carro.

Este livro foi impresso pela Prol Gráfica
e Editora Ltda. em papel *offset* 75 g.